中国人口较少民族研究丛书

中国人类学民族学研究会人口较少民族研究专业委员会组织编写

图说赫哲

邱洪斌　井军伟　唐力　著

江苏凤凰美术出版社

图书在版编目（CIP）数据

图说赫哲 / 邱洪斌，井军伟，唐力著 . -- 南京：
江苏凤凰美术出版社，2024.6
ISBN 978-7-5741-1018-2

Ⅰ . ①图… Ⅱ . ①邱… ②井… ③唐… Ⅲ . ①赫哲族
–民族历史–中国–图解 Ⅳ . ① K282.5-64

中国国家版本馆 CIP 数据核字（2023）第 101723 号

责 任 编 辑　张宇华
图 书 设 计　张安平
责 任 校 对　吕猛进
责 任 监 印　生　嫄
责任设计编辑　王左佐

书　　　名	图说赫哲	
著　　　者	邱洪斌　井军伟　唐　力	
出版发行	江苏凤凰美术出版社（南京市湖南路1号　邮编210009）	
制　　版	南京新华丰制版有限公司	
印　　刷	苏州市越洋印刷有限公司	
开　　本	889 mm×1194 mm　1/16	
印　　张	15.75	
版　　次	2024年6月第1版	
印　　次	2024年6月第1次印刷	
标准书号	ISBN 978-7-5741-1018-2	
定　　价	238.00元	

营销部电话　025-68155675　营销部地址　南京市湖南路1号
江苏凤凰美术出版社图书凡印装错误可向承印厂调换

人口较少民族研究丛书
编委会

顾　　问：葛忠兴

学术指导：金炳镐

总 主 编：邱洪斌

执行主编：李若青　毅　松　崔秀兰

编辑委员会：（以姓氏笔画为序）

马成俊　　马　伟　　亚　娜

朱玉福　　刘晓春　　闫沙庆

安裕冰　　祁进玉　　红　梅

苏维生　　杨虎得　　杨昌儒

吴　刚　　汪作朋　　张晓兵

林　艳　　胡明学　　胡忠文

钟进文　　侯超惠　　格　桑

排　华　　曹先强　　曹孟良

葛丰交　　赖永良

该著作为 2018 年度国家民委民族研究项目《赫哲族人口发展与健康状况调查研究》（项目编号：2018-GMB-021）的阶段性成果。

目录

一

我国是统一的多民族国家，全国共有 56 个民族，其中有 55 个少数民族。

20 个世纪 80 年代以来，我国著名的人类学家、社会学家费孝通教授提出了人口较少民族的概念。他先后深入到鄂伦春族、裕固族、撒拉族、土族、赫哲族等少数民族地区进行调研，建议把人口较少民族作为一个类型集中研究并采取扶持发展的措施。

根据费孝通教授的建议，国家民委组织有关专家、学者对人口较少民族进行了广泛深入的调研，当时划定的范围是 10 万人口以下的民族为人口较少民族。

为什么把人口较少民族作为一个类型集中研究并采取扶持发展的措施？

10 万人口以下的民族共有 22 个。22 个人口较少民族的特点可以用五个字概括："少、弱、边、散、穷。""少"是指 22 个民族总人口 63 万，占全国总人口的万分之四点八，占全国少数民族总人口的千分之六；"弱"是指经济发展、文化传承都处在弱势地位；"边"是指 22 个民族中有 18 个民族分布在边境地区，绝大部分民族跨境而居；"散"是指人口较少民族主要分布在 10 个省区，大多处于与其他民族混合杂居的状态，居住得特别分散；"穷"是指经济社会发展水平相对落后，社会发育程度低，生产力水平低，贫困问题突出。

2004 年 10 月 21 日，在中央政治局第十六次集体学习日上，时任中共中央总书记胡锦涛同志特别指示国家民委牵头，进一步做好扶持我国人口较少民族加快发展的工作。

进入新时代，习近平总书记先后到赫哲族、土族等人口较少民族地区考察。在云南考察期间，习近平总书记亲切会见了独龙族干部群众代表，并给独龙族的乡亲们回信。习近平总书记对人口较少民族的经济社会发展和民族文化传承都做出重要的指示，表明了我们党高度重视扶持人口较少民族发展工作。

二

中华人民共和国成立以来，在党的民族政策的光辉照耀下，扶持人口较少民族发展，大体经历了三个阶段。

（一）单一民族扶持阶段

黑龙江省帮扶鄂伦春族下山定居。1953年，黑龙江省300多户、1303名鄂伦春族同胞下山定居，告别了世代狩猎和"衣靠兽皮食兽肉，'斜人柱'内把家安"的历史。下山定居是鄂伦春族发展史上的里程碑事件，它不仅让鄂伦春族群众过上了居有定所的生活，也有力地推动了整个民族的发展。

1996年，黑龙江省启动扶持赫哲族上岸转产工作。政府通过"引、促、带"方式成功使赫哲人逐渐从江里转向岸上，进而打破了单一以渔为生转向渔农并重，并大力发展民族文化旅游业，发展多元经济。赫哲族的转产，走出了人口、经济的扩张与资源匮乏的困境。

这一阶段的工作充分体现出党的民族政策在鄂伦春族、赫哲族地区所发挥的巨大作用。

（二）试点先行阶段

2000年，云南省整体扶持景洪市基诺山和勐海县布朗山，同时国家民委与国务院扶贫办联合实施"两山"综合扶贫开发试点。该试点在思路与方法上不同于一般性扶贫，而是根据"两山"特殊性贫困和不同民族、不同地区实际，在政策上不搞"一刀切"，集中力量综合扶持。在2至3年内集中使用7000多万元，较大地改善了基诺族、布朗族的生活和"两山"的面貌。

（三）规划扶持阶段

国家民委于2005年会同国家发改委、财政部、人民银行、国务院扶贫办编制了《扶持人口较少民族发展规划（2005—2010）》，人口较少民族的发展进入了规划扶持阶段。第一个规划编制的范围是10万人口以下的22个民族，涉及10个省区、86个县（旗）、238个乡镇、640个行政村，总人口63万。

2011年编制了第二个规划《扶持人口较少民族发展规划（2011—2015年）》，即"十二五"规划。扶持范围扩展了，被扶持民族的人口数量从10万人口以下的民族，扩展为30万人口以下的民族；从22个人口较少民族扩展为28个人口较少民族；从63万人扩展为169.5万人；扶持的行政村由640个扩展为2119个；从10个省区扩展为13个省区和新疆生产建设兵团。

2016年编制了第三个规划《"十三五"促进民族地区和人口较少民族规划》，人口扩展为189万人，行政村扩展为2390个，自然村约1万个。

三个专项规划的扶持，对于人口较少民族地区脱贫致富奔小康产生了重要的促进作用。

习近平总书记强调，全面建成小康社会，一个民族都不能少。在庆祝中国共产党成立一百周年大会上，习近平总书记代表党和人民庄严宣告，经过全党全国各族人民持续奋斗，我们实现了第一个百年奋斗目标，在中华大地上全面建成了小康社会，历史性地解决了绝对贫困问题，正在意气风发向着全面建成社会主义现代化强国的第二个百年奋斗目标迈进。扶持人口较少民族发展，是党的民族政策的生动体现，是全面建成小康社会的有力举措。

三

党的二十大报告强调，以铸牢中华民族共同体意识为主线，坚定不移走中国特色解决民族问题的正确道路，坚持和完善民族区域自治制度，加强和改进党的民族工作，全面推进民族团结进步事业。

习近平总书记关于加强和改进民族工作的重要思想是对马克思主义民族理论的创新和发展。铸牢中华民族共同体意识，从提出到实践，已经成为民族工作的主线，成为民族工作的纲。当前，全国各族人民正在深入学习贯彻党的二十大精神，奋起建设中国式社会主义现代化。在建设中国式社会主义现代化进程中，各民族应牢牢把握铸牢中华民族共同体意识这条主线。

伴随着人口较少民族的发展，人口较少民族的研究不断深化。2017年11月，中国人类学民族学研究会人口较少民族研究专业委员会成立，以佳木斯大学为依托单位，佳木斯大学党委书记邱洪斌同志担任主任。几年来，在国家民委的重视下，在中国人类学民族学研究会的领导下，佳木斯大学充分发挥人口较少民族研究专业委员会的作用，在人口较少民族研究方面取得了丰硕成果。

四

人口较少民族研究专业委员会承担着28个民族的研究任务。佳木斯大学发挥综合性大学优势，以铸牢中华民族共同体意识为主线，整合了历史学、民族学、医学、药学、社会学、文学、语言学、美术学、音乐学、体育学、旅游管理学、图书馆学等多学科研究力量，对人口较少民族历史文化与社会发展进行全方位的研究，形成了研究学科齐全、专家学者聚集、研究力量雄厚、领导高度重视的态势。

为体现研究成果，人口较少民族研究专业委员会计划出版"中国人口较少民族研究丛书"，并以"图说""口述""健康""史记""译著"等形式，编成各个人口较少民族系列丛书。同时，收集、整理和编辑中华人民共和国成立以来，在国内外公开发行的刊物和在内部交流的刊物上发表的有关 28 个人口较少民族的研究报告、论文、著作等，形成 28 个人口较少民族文献汇编，陆续出版《图说赫哲》《口述赫哲》《健康赫哲》《史记赫哲》《中国人口较少民族现代文献书目概览》《中国人口较少民族研究论著目录索引》等系列专著。

"中国人口较少民族研究丛书"以独特的视角、新颖的形式、丰富的资料、深刻的内涵，体现了党和国家对人口较少民族的关怀和重视，体现了专家、学者对人口较少民族研究的成果，体现了新时代人口较少民族铸牢中华民族共同体意识的精神风貌。

葛忠兴（国家民委原专职委员）

2023 年 6 月 20 日于北京

赫哲族是我国人口较少民族之一。据 2020 年第七次全国人口普查统计，人口数为 5373 人，分布于我国东北黑龙江、松花江、乌苏里江流域，主要居住在黑龙江省同江市街津口赫哲族乡、八岔赫哲族乡，饶河县四排赫哲族乡和佳木斯市敖其镇敖其赫哲族村，抚远县（现抚远市）乌苏镇抓吉村。在黑龙江北岸的俄罗斯还跨境居住着 1 万多赫哲人，被称为那乃族。

赫哲族世世代代生活在黑龙江、松花江、乌苏里江流域。从上古五帝和商周时的肃慎、汉魏时的挹娄、南北朝时的勿吉，到隋唐时的靺鞨、辽金和明朝时的女真，直至清时的那乃、赫真、赫哲，尽管几多迁徙更迭，称谓几多变化，赫哲族与白山黑水间的其他古老民族始终同根相连，并一脉相承，在中华大地上繁衍生息。千百年来，赫哲族先民在这片神奇富饶的黑土地上渔猎为生，他们捕兽食鱼、衣皮使犬、穴地而居，不畏艰辛、辛勤劳动，在与大自然和谐相处并创造了丰硕的物质财富的同时，也孕育了北方民族特有的渔猎文化。传承千年的生产生活习俗、神秘的萨满信仰、悠长的英雄叙事诗《伊玛堪》、精湛的鱼皮鱼骨和桦树皮工艺……这些绚丽灿烂的文化与艺术，展示了赫哲族独特的文化气质。

中华人民共和国成立后，赫哲族获得了新生，人口迅速增长，原始的渔猎生产方式逐步转变，各项事业欣欣向荣。改革开放以来，特别是进入新时代，赫哲族在党和政府的关怀下，多元经济快速发展，人民生活富足安康，历史文脉有效传承，发生了前所未有的巨大变化，呈现出了创新发展、奋进小康的喜人局面。为更好地贯彻习近平总书记关于加强和改进民族工作的重要思想，全面反映赫哲族的历史、经济、社会、文化等民族特征，向世人展示神秘的赫哲族风貌，特著《图说赫哲》一书。

自 1934 年凌纯声先生撰写的《松花江下游的赫哲族》第一部赫哲族研究专著问世，在诸多学者和专家的默默耕耘与辛勤努力下，一大批关于赫哲族各个领域的学术著作相继出版，为丰富人口较少民族的研究做出了卓越的贡献。

本书正是在前人研究的基础上，汲取和借鉴已有的研究成果，多维度、多视角系统梳理赫哲族的历史渊源、生产生活习俗、宗教信仰、民风民俗、特色文化、民族工艺、跨境交流、文化传承等方方面面，侧重以图片这一直观形象的方式向世人讲述历史上的赫哲、现在的赫哲，让更多的人通过一幅幅蕴满故事与传说的精美图片了解赫哲、走进赫哲、喜爱赫哲。

全面建设社会主义现代化国家，一个民族都不能少。相信这本书的出版，不仅有助于人们了解赫哲族这一古老民族，同时也会更加激励广大赫哲儿女同心协力，加快建设中国式的现代化，奔向更加富足、更加美好的未来。由于编者水平有限，难免疏漏，请广大读者和专家指正。书中观点和图片部分引用已有的研究著作，向这些专家和学者表示感谢和敬意。

2016 年 5 月 24 日，中共中央总书记、国家主席、中央军委主席习近平冒雨来到同江市八岔赫哲族乡八岔赫哲族村视察，走访慰问赫哲族群众，与赫哲族群众共话幸福生活。习近平总书记走进新建的赫哲族新村，深入赫哲人家详细了解赫哲族群众生产生活情况，问寒问暖，关心备至；走进八岔赫哲族村伊玛堪传习所，了解赫哲族文化传承与发展，并聆听赫哲族老艺人演唱伊玛堪和《乌苏里船歌》。

习近平总书记说："我是第一次到赫哲族居住的地方来，感到很亲切。《乌苏里船歌》唱的'船儿满江鱼满舱'的美好画面早就给我留下深刻印象。赫哲族虽然人口较少，但看到你们生活欣欣向荣、后代健康成长、文化代代传承，为你们感到高兴。我心里惦记着每一个少数民族。各民族要像石榴籽一样紧紧抱在一起，在实现中华民族伟大复兴的征程上团结一致，共同发展进步。"

习近平总书记的关怀极大鼓舞了赫哲族人民。赫哲族人民在党中央及各级政府的关心和支持下，正以习近平新时代中国特色社会主义思想为指导，牢记总书记的殷殷嘱托，坚守传统，开拓进取，奋力开创赫哲族美好未来。

第一章 民族溯源

　　赫哲族是我国人口较少民族之一，其族系源远流长，远祖可追溯到古代的肃慎。在漫长的历史发展进程中，通古斯族的一支在不断迁徙中与当地土著民族交错杂处、相互融合，逐渐形成赫哲族体，是多源多流、历史悠久的民族融合体。

一 / 分布

1. 近代主要分布区域

近代以来，赫哲族主要分布在黑龙江、松花江、乌苏里江流域，直至东日本海和库页岛的广大区域。《满洲氏族源流考》记述：自宁古塔东北行千五百里，居松花江、混同江两岸者，曰赫哲喀喇；又东北行四五百里，居乌苏里、松花、混同三江汇流在左右者，亦曰赫哲喀喇，即使犬国也。1858 年中俄《瑷珲条约》和 1860 年中俄《北京条约》的签订，使得黑龙江以北、外兴安岭以南，乌苏里江以东包括库页岛在内的大部分领土割让给沙俄，黑龙江和乌苏里江成为中俄界江，赫哲族隔江相望。中国境内称赫哲族，俄罗斯境内称那乃族。

图 1-1　清朝局部疆域图

2. 当代主要分布区域

20 世纪初，赫哲族主要聚居在松花江和黑龙江两岸，与汉族、满族、鄂伦春等民族杂居（如图 1-2 所示，摘自凌纯声 1934 年出版的《松花江下游的赫哲族》）。中华人民共和国成立后，随着生产生活方式的改变，赫哲族呈现出大杂居、小聚居的特点，集中居住于松花江、黑龙江和乌苏里江沿岸的"三乡四村"，即同江市街津口赫哲族乡、八岔赫哲族乡，饶河县四排赫哲族乡和佳木斯市敖其镇敖其赫哲族村，抚远市抓吉赫哲族村、南岗赫哲族村、红光赫哲族村，其余分布在佳木斯、富锦、集贤、桦川、依兰等地（如图 1-3 所示）。在俄罗斯境内，那乃族主要分布在阿穆尔河（黑龙江）上游、下游及乌苏里江、戈林河沿岸，现聚居在哈巴罗夫斯克边疆区那乃自治区。此外，在库页岛和滨海地区也有分布。

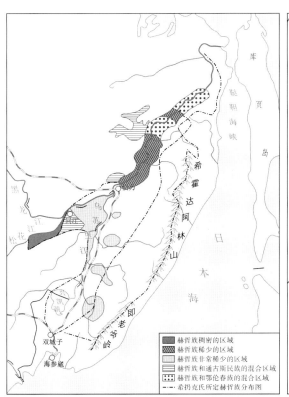

图 1-2　20 世纪初赫哲族主要聚居地

图 1-3　中华人民共和国成立后赫哲族的居住地

3. 文化标识

　　一个民族的文化标识是区别于其他民族的显著标志。乌日贡大会是赫哲族最盛大的节日，在第五届赫哲族乌日贡大会上，为了彰显民族特色，创作设计了具有地域和民族显著特点的乌日贡大会会徽。图1-4为赫哲族乌日贡大会会徽，标志中下面三道水波纹代表着赫哲族生活的区域——三江平原，即黑龙江、松花江、乌苏里江；水波纹上面是展翅飞翔的天鹅，天鹅是赫哲人崇拜的吉祥物，天鹅洁净优美，飞翔在蓝天上，象征赫哲族人民富于浪漫的想象力、追求自由的生活；在天鹅双翅间有两条鲟鳇鱼跳出水面围绕其间，象征赫哲族人民在碧水蓝天中幸福地生活。图1-5为乌日贡大会上走在最前端的乌日贡大会会徽。如今，乌日贡大会会徽不仅仅在乌日贡大会上使用，在许多赫哲族其他节日或活动上也被广泛使用，成为赫哲族的文化标志。

图1-4　赫哲族乌日贡大会会徽

图1-5　乌日贡大会上走在最前端的乌日贡大会会徽

二／族源

1. 赫哲族族源

赫哲族源流悠久，是一个古老民族。其先世可追溯至上古五帝的舜时期，是息慎的组成部分，也称肃慎或稷慎。"（帝舜有虞氏）二十五年，息慎氏来朝，贡弓矢。"（见《竹书纪年》）。汉魏时称挹娄，"挹娄，古肃慎之国也……"（见《后汉书》）。南北朝时称勿吉，"北魏孝文帝延兴五年，勿吉国遣使朝贡……"（见《册府元龟》）。隋唐时称靺鞨，靺鞨分七部，赫哲先世属黑水靺鞨部。辽金时称女真，赫哲族先世为女真人分支。辽朝建立后，黑水靺鞨的区域称五国部，即古赫哲族剖阿里国、盆奴里国、奥里米国、越里笃国、越里吉国。赫哲族先世与满族先世毗邻而居或交错杂居。进入明朝，女真分为建州女真、海西女真、野人女真，赫哲族先世为野人女真的一部分。

至清朝初期，野人女真分为两部，即主要分布在乌苏里江两岸的瓦乐喀部和主要分布在混同江（今黑龙江）右岸的虎尔喀部。赫哲族族称见于清康熙二年（1663）《清圣祖实录》，当时把居住在松花江下游、黑龙江中游和乌苏里江流域的原住居民称为"赫哲"，一直沿用至今。

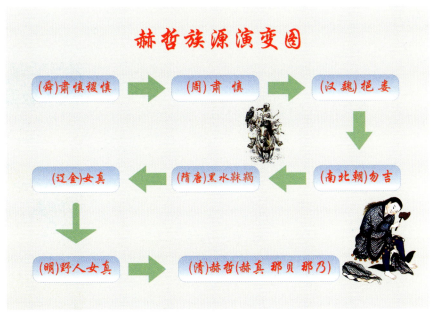

图1-6　赫哲族的演变图

2. 典籍中的赫哲先世

在悠久的历史长河中，关于赫哲族及先世的记载多见于各个时期的典籍，虽然在各个历史时期称谓有所不同，但从中能够窥见其源流与演变过程。

典　籍	记　述
《竹书纪年·五帝纪》	（帝舜有虞氏）二十五年，息慎氏来朝，贡弓矢。
《竹书纪年·周纪》	（成王）九年……肃慎氏来朝，王使荣伯赐肃慎氏命。
《后汉书·东夷列传》	及武王灭纣，肃慎来献石砮、楛矢。管、蔡畔周，乃招诱夷狄，周公征之，遂定东夷。康王之时，肃慎复至。
《后汉书·东夷列传》	挹娄，古肃慎之国也……
《三国志·魏志》	魏元帝（景元三年）四月，"辽东郡言：肃慎国遣使重译入贡，献其国弓三十张，长三尺五寸，楛矢长一尺八寸，石砮三百枚，皮、骨、铁杂铠二十领，貂皮四百枚（张）"。
《册府元龟》	北魏孝文帝（延兴五年），勿吉国遣使朝贡。
《新唐书·黑水靺鞨传》	黑水靺鞨居肃慎地，亦曰挹娄，元魏时曰勿吉……（其国）离为数十部，酋各自治。
《明一统志》	《明一统志》："女真四至，谓东濒海，西接兀良哈，南临朝鲜，北至奴儿干北海。""乞里迷去奴儿干三千余里，一种曰女真野人，性刚而贪，文面椎髻，帽缀红缨，衣缘彩组，惟袴不裙，妇人帽垂珠珞，衣缀铜铃。射山为食，暑则野居，寒则室处。"
《皇清职贡图》	赫哲所居与七姓地方的乌扎拉洪科相接。性强悍，信鬼怪。男以桦皮为帽，冬则貂帽狐裘。妇女帽如兜鍪，衣服多用鱼皮，而缘以色布，边缀铜铃，亦与铠甲相似。以捕鱼射猎为生。夏航大舟，冬月冰坚，则乘冰床，用犬挽之。其土语谓之赫哲话，岁进貂皮。
《松花江下游的赫哲族》	从赫哲现在所居的地域上考察，隋唐时的黑水靺鞨，当为赫哲的远祖。

三 / 族体

1. 族体演化

　　赫哲族是多源多流的民族融合体，其成分既有 10 世纪前从外贝加尔地区东迁至黑龙江、松花江、乌苏里江流域的通古斯人，同时也吸收了蒙古人、东部沿海和黑龙江流域原住居民及古亚洲人和库页族成分，又与汉族有着共同的历史渊源，多民族相互杂居交融，共同形成。

图 1-7　赫哲族族体的演化图

2.族体构成

在漫长的历史进程中，赫哲族先世的22个古老氏族不断发展演变，逐步形成了特定的语言、体质和文化，并最终形成赫哲族族体。但由于居住地域广阔，不同地域的赫哲人有不同的称谓，如"那贝""那乃""那尼傲""赫真""奇楞""黑斤""黑津""黑哲"等。"赫哲"是"赫真""黑斤""黑津""黑哲"等的同音异译，意为居住在下游、东方的人们，其作为族称最早出现于康熙二年（1663）《清圣祖实录》："康熙二年癸卯三月壬辰命四姓库里哈等进贡貂皮，照赫哲等国例，在宁古塔收纳。"特别是在1934年，凌纯声《松花江下游的赫哲族》一书出版后，"赫哲"这一族称开始广泛传播。

形成赫哲族主体的 22 个主要氏族

奇楞（奇勒尔氏族）	撒玛吉尔氏族	涂墨拉勒氏族
乌第堪氏族	毕日达奇氏族	加克素鹿氏族
尤喀敏喀氏族	珠格氏族	绰格乐氏族
阿勒楚喀氏族	多秦氏族	鄂宁喀氏族
嘎即喇氏族	阿克坦喀氏族	毕尔缅喀氏族
乌扎拉氏族	舒木鲁氏族	卢日勒氏族
傅特哈氏族	董抗氏族	葛以克日氏族
赫哲氏族（赫吉格勒）		

3. 姓氏来源

赫哲族在漫长的演变过程中，也形成了自己独特的姓氏。其原姓氏大多起源于古氏族名称、古地名及该氏族所崇拜的图腾。"哈拉"是"姓氏"之意，即氏族，在姓氏后面都有"哈拉"两字，无单字姓氏。如傅特哈哈拉，傅特哈是旱柳树的意思；马林卡哈拉，马林卡是虎神的意思。近代以来，因与汉族长期交错杂居生活，受汉族姓氏影响，在写单字姓氏时，往往取其原姓氏的第一个汉字音，如吴丁克哈拉，简称为吴姓。目前，赫哲族比较常见的有傅、陆、吴、何、毕、葛、尤、张等几大姓氏。

姓氏	原姓氏	含 义
尤	尤克拉哈拉	氏族名
齐	奇楞哈拉	氏族名，另一说取自齐木因河
傅	傅特哈哈拉	旱柳树
毕	毕拉达克哈拉	氏族名
何	毕拉哈拉	毕拉为河沟之意
吴	吴丁克哈拉	河名
	乌扎拉哈拉	地名
葛	葛依克勒哈拉	氏族名
董	董抗哈拉	氏族名
卢	卢义如哈拉	氏族名
陆	陆义勒哈拉	氏族名
胡	马林卡哈拉	虎神
舒	舒穆鲁哈拉	独角龙
黄	苏阳哈拉	黄颜色
佟	给温克哈拉	为铜之意，佟由铜的字音而来
张		取自清朝官名"瞻仁大人"中的"瞻"字
赵	哈普都哈拉	原为氏族名，后被清朝赐姓为伊尔根觉罗，"伊尔根"汉字意为赵

图1-8 姓氏树

四／肖像特征

肖像是反映一个民族面貌特征的重要标识，通过古今肖像的比对分析，既可以寻求其共同特点，也可以从中辨识民族演变与融合中的丝丝缕缕痕迹。正所谓"眉目相似传古今，颦笑之间皆源根"。

1. 赫哲族先世形象

图1-9　以赫哲族的七个氏族命名的七姓人捕貂

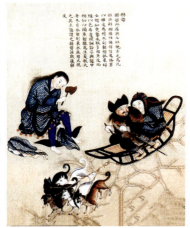

图1-10　赫哲人乘狗拉雪橇和赫哲妇女槌制鱼皮图

图1-11　身着鹿皮衣的奇楞人

图1-12　乘桦皮船的恰喀拉人

（选自清乾隆时期《皇清职贡图》）

2. 20 世纪初赫哲族肖像

正面

侧面

图 1-13　青年男人

正面

侧面

图 1-14　老年男人

正面

侧面

图 1-15　青年妇女

正面

侧面

图 1-16　老年妇女

3. 当代赫哲族肖像

图 1-17 老年男子

图 1-18 老年妇女

图 1-19 青年男子

图 1-20 青年妇女

图 1-21 女童

4.俄罗斯那乃族肖像

图1-22　老年男子

图1-23　老年妇女

图1-24　中年妇女

图1-25　青年男子

图1-26　青年妇女

图1-27　少年女子

图1-28　男童

图1-29　女童

5.体态特征

　　1983年,佳木斯医学院解剖教研室施全德、胡俊清、赵贵新等对110名赫哲族居民的体态特征进行了测量,得出的结论发表在《人类学学报》上。该结论认为,经过研究,显示赫哲族居民的体态特征是:眼裂较窄,方向多数上斜型,眼睛内角多数有蒙古褶。鼻梁较直,鼻基底面和鼻尖的方向多数水平向前。上唇皮肤部高度(人中高度)中等。发形直,发旋单旋者多,多数为顺时针方向。绝大多数人的头形是短而很宽,并且头高值很大,整个头形显得圆而高。面部较低而宽,鼻子多数为中鼻型偏狭鼻型。身材中等偏高,体型属中间型。总的来说,赫哲人具有典型的黄种人特征。该结论虽是在对赫哲族部分个体实测的基础上得出,但对赫哲族整体来说仍具有一定的代表性。

五 / 迁徙

　　在历史的长河中，发源、迁徙、生存、融合，是众多民族曾经拥有的经历。"我来自哪里，源自何方？"许多民族正是在对自身源流的不断探寻中，形成了有关迁徙的共同记忆。同样，在民族记忆和史籍中，赫哲族的先世也经历了几次大的迁徙，主要有三次。

1.10 世纪前东迁

　　第一次是民族记忆里的东迁。传说赫哲族的远祖世居贝加尔地区，因为部落战争和强敌入侵，从贝加尔湖（古称北海）乘木筏和木船沿黑龙江而下，迁徙到黑龙江、松花江、乌苏里江流域。

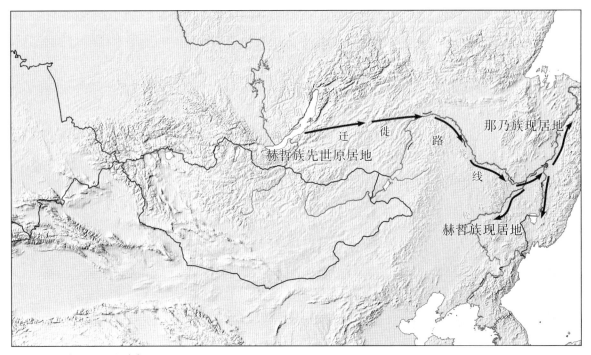

图 1-30　赫哲族 10 世纪前东迁

"赫尼娜蕾赫尼娜，我们的赫哲人，原本不是这三江平原的人，是在几千年以前，从那遥远的北方，顺着黑龙江迁徙而来……"赫哲族千百年流传的说唱文学《迁徙歌》讲述了这一迁徙故事。

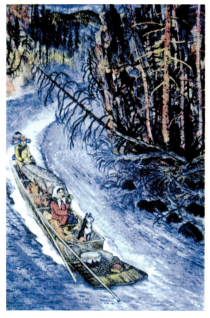

图 1-31　以赫哲族东迁为背景绘制的油画《迁徙》

2. 10 世纪初南迁

第二次迁徙是在 10 世纪初。五代时，契丹尽取渤海地，因虑其为患，将其势力分割开，耶律阿保机迁黑水靺鞨豪族数千家于辽阳南。黑水靺鞨部落自此分为两部，在南者籍契丹，称熟女真；在北者不隶籍，称生女真。被迁徙的部分大多数成为满族的先世；未迁徙的部分，即生女真，则演化成了赫哲族。

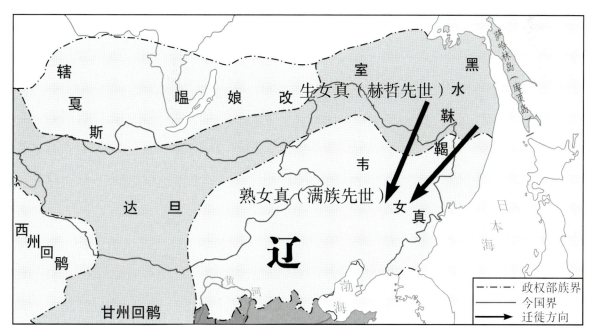

图 1-32　五代时赫哲族南迁

3. 12世纪初南迁

除10世纪初规模较大的由北向南迁徙外，在这之后，赫哲族的先世仍相继分散向南迁徙。历史典籍中曾记载，辽统和七年（公元989年）、统和十七年（公元999年），辽朝迁乌舍（又称兀惹或屋惹，即今赫哲族）民户于鸭子河（即嫩江下游）、混同江（今第二松花江）两水之间，设刺史统辖，其后升兵事，隶属黄龙府都部署司。

最后一次规模较大的迁徙是在12世纪初。相传金元时期，赫哲族由南信（在伯力以下至乌苏里江口地方）迁街基（津）口，再迁绥东及嘎尔当，又迁苏苏屯，原有大族毕、尤、卢三姓在此次迁徙中成批逐渐南迁。此后，在清朝初期，由于部落头人及随众被招抚后，渐次由北向南迁徙。

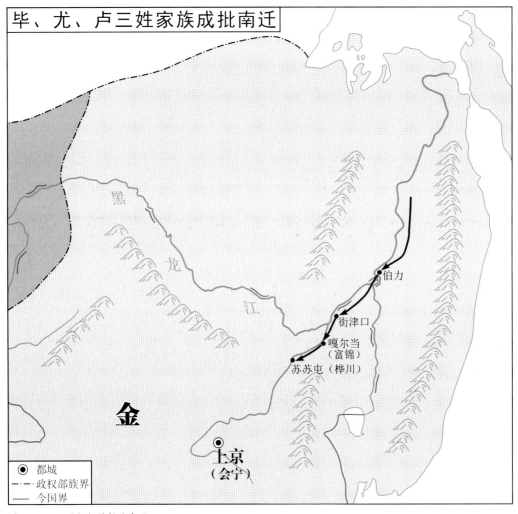

图1-33　12世纪初赫哲族南迁

六 / 人口

　　赫哲族是我国人口较少民族之一，近代以来，居住在松花江、乌苏里江和黑龙江中下游地区。据记载，18 世纪初，"三姓"一带所属赫哲等族 2398 户，约有 12000 人。1888 年，中国境内三江流域赫哲族人口有 8000 人至 10000 人。而至 1911 年左右，居住在松花江和混同江南岸的赫哲族约为 1200 人、乌苏里江西岸约 400 人，约计 1600 人。

　　之所以如此，主要是物质生活极端贫困、卫生知识缺乏、缺医少药，导致天花、霍乱、黄疸、痢疾等疫病时有流行，夺去了很多赫哲人的生命，有时甚至整个村落的人因此全部丧生。此外，清末民初匪患猖獗，一些赫哲猎民往往成为土匪猎杀的对象。特别是在日本侵华期间，赫哲人被迫远离江岸，归并到沼泽地带，在日军残害下，普遍遭受冻饿、疫病，人口急剧下降，至 1945 年，三江一带仅剩 300 余人。中华人民共和国成立后，在党的民族政策的照耀下，赫哲族人口数量逐步上升。至 2020 年第七次人口普查统计，为 5373 人。

赫哲族人口情况表		
时间（年）	人口数（人）	备　注
1945	300 余	
1953	450	第一次人口普查
1964	718	第二次人口普查
1982	1489	第三次人口普查
1990	4245	第四次人口普查
2000	4640	第五次人口普查
2010	5354	第六次人口普查
2020	5373	第七次人口普查

第二章

行政管辖

历史上，赫哲族先世与我国历代王朝保持着密切的联系。无论是周王朝时，赫哲族先世肃慎以楛矢石砮献于中原王朝，还是隋唐金元明时期的设置管辖，抑或是清朝对赫哲族实施的编户、编旗、贡貂赏乌绫政策，东北边疆同内地紧紧关联在一起。

一 / 上古及隋唐

1. 先秦

　　赫哲族先世自古生活在黑龙江流域至东临大海一带。在上古的帝舜时期，是息慎的组成部分，在先秦时称肃慎或稷慎。《山海经·大荒经》有云："大荒之中，有山曰不咸，有肃慎之国。"郭璞注曰："今肃慎国，去辽东三千里。"此后这一区域，在汉魏时称为挹娄，南北朝时称为勿吉。

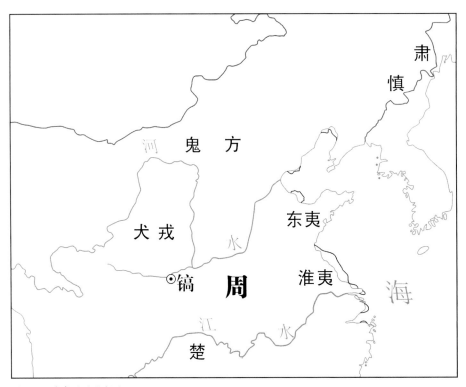

图 2-1　先秦时的赫哲族

从帝舜时期开始，赫哲族先世肃慎即向中原王朝进贡方物，表示臣服。公元前11世纪，赫哲族先世以楛矢石砮进贡周王朝。其后也都延续向中原王朝进贡。楛矢，就是用长白山区的楛木（有学者认为是桦木）制作的箭杆；石砮，就是用松花江中坚硬的青石磨制的箭头。

图 2-2 在同江境内考古发现的新石器时代的石镞

2. 隋唐

从隋唐开始，肃慎、挹娄、勿吉的后人被称为靺鞨。靺鞨分为七部，其中赫哲族先世居处最多的黑龙江流域的一支称黑水靺鞨。凌纯声认为，隋唐时的黑水靺鞨，当为赫哲的远祖。722年，唐王朝封黑水靺鞨首领倪属利稽为勃利州刺史，州治在今俄罗斯境内的哈巴罗夫斯克。726年，在黑水靺鞨最大的部落设黑水府，仍以其首领为都督、刺史，亦称黑水都督府，唐王朝派长史官员共同管理其地。

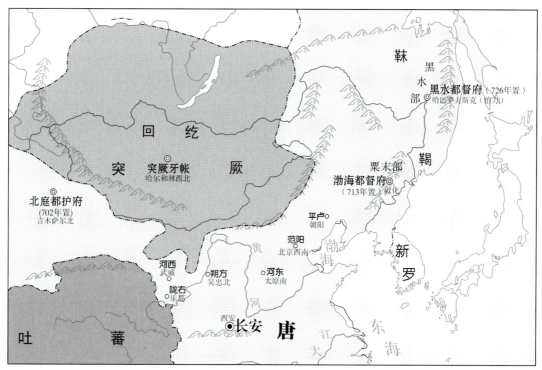

图 2-3 唐时期黑水靺鞨

二／辽金元时期

1.辽

10世纪初,唐朝灭亡后,中原地区进入了五代十国的混乱局面,而此时,契丹族逐渐崛起,并建立了辽朝。926年,辽朝北攻渤海国,进而将世居黑龙江流域的黑水靺鞨置于其统治之下,并称靺鞨为女真,后避辽兴宗之讳,改称女直,这一称谓一直延续到清代。彼时,这一区域有五个大的集团部落,称五国部,即越里吉国、盆奴里国、越里笃国、奥里米国、剖阿里国(今俄罗斯哈巴罗夫斯克)。五国部每部设有交往集散中心的城堡,也称五国城。至999年,辽置刺史管辖此地,隶黄龙府都部署司。

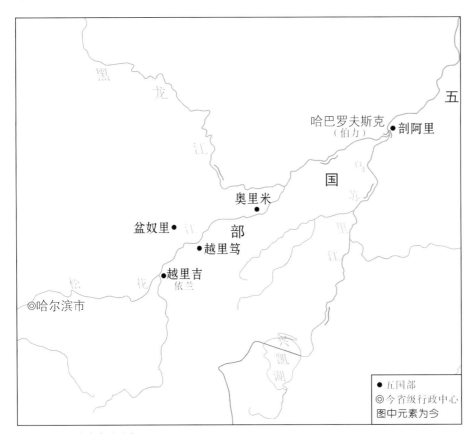

图2-4 辽时期东京道局部

图2-5 越里吉国古城遗址（今黑龙江省依兰县），因是五国部酋长会盟议事之城，也称五国头城

图2-6 越里笃国中心城堡瓦里霍吞古城遗址（今黑龙江省桦川县）

图2-7 盆奴里国古城墙遗址（今黑龙江省汤原县）

图2-8 奥里米国古城遗址（今黑龙江省绥滨县）

图2-9 1977年在黑龙江鸡东县出土的胡里改路（设在今黑龙江省依兰县）之印

2.金

金朝时期，建立了较完备的军政合一的管辖机构。赫哲族的先世女真是胡里改路、速频（恤品）路和上京路管辖区域的主要成员之一。其中，胡里改路管辖着松花江、牡丹江、乌苏里江及黑龙江流域，是赫哲族先世居住比较集中的区域。

3. 元

元朝建立后，在赫哲族先世较集中的松花江中下游及其支流设置军民万户府五处，即桃温万户府、呼尔哈万户府、乌图里万户府、托里（果）林万户府、布呼江万户府，各设宣慰司管辖此地。

图 2-10　桃温万户府遗址（在今黑龙江省汤原县）

1286年，元朝设开元路，后增设水达达路，管辖黑龙江下游及乌苏里江沿岸。同时设置狗站、站户，承担交通运输和传递信息的功能，使内地与黑龙江下游出海口和库页岛紧密联系在一起。下图为1976年在黑龙江省阿城县金上京故城遗址内出土的管水达达民户达鲁花赤之印。达鲁花赤，蒙古语为"镇守者""总辖官"之意。民户达鲁花赤是设于路府州县，负责一切与农桑、民事有关政务的官职。

图 2-11　达鲁花赤之印

三 / 明清时期

1. 明

　　至明朝，此时，女真分为建州女真、海西女真、野人女真（东海女真）三部。野人女真分布于松花江中下游、黑龙江汇合处，直至黑龙江下游南北岸及库页岛和乌苏里江流域东海岸，主要为赫哲族先世。建州女真、海西女真以农业为主，过着定居生活。野人女真则以渔业为主，生活习俗较为原始。《辽东志》云，野人女真"居草舍，捕鱼为食……着直筒衣，暑用鱼皮，寒用狗皮……不食五谷，六畜惟狗多，牵拽爬犁"，真实反映了赫哲族先世的生活情形。

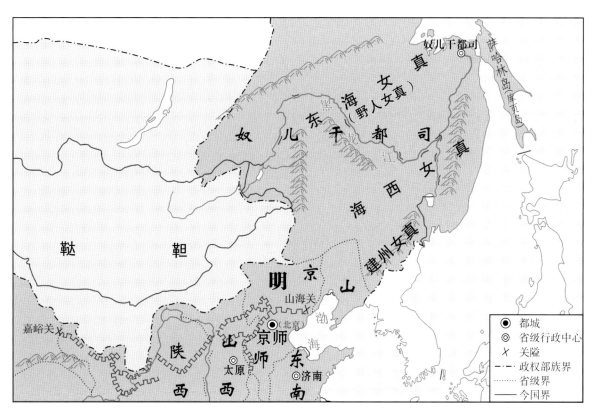

图 2-12　明朝局部疆域图（1433 年）

1409 年，明朝在黑龙江下游的特林（今俄罗斯境内）设置军政合一机构——奴儿干都司，作为这一地区最高行政机构统辖赫哲族先世居住的黑龙江和乌苏里江，直至库页岛的广大区域。1413 年，明朝在奴儿干都司所在地特林建造永宁寺，并立碑为证，碑文镌刻《敕修奴儿干永宁寺记》。其后，永宁寺被毁。1433 年，重建永宁寺，并又立一块碑，铭刻《重建永宁寺记》碑文。这两块碑被合称为"永宁寺碑"，记录了明朝经营和管理奴儿干都司的历史事实。

为强化对东北边陲的管理，1409 年，明设海西东水陆城站，因其交通和信息传递主要依靠狗来拉运，也称狗站。其南接辽东都司北境、北抵黑龙江下游，是明代奴儿干都司境内的主要交通驿道，全长 2500 公里，合计 54 个城站，被称为中国东北方的丝绸之路，对于明朝经略黑龙江下游地区，将赫哲族纳入"大一统"的王朝政治体系具有重要意义。

图 2-13　永宁寺碑

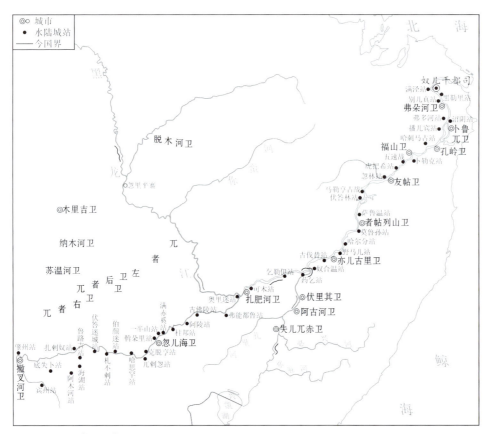

图 2-14　海西东水陆城站

2. 清

图 2-15 管理三姓
地方兵丁副都统印

　　到了清代，清政府延续历代王朝对此区域的有效管理，于1714年设三姓协领衙门，1732年改设三姓副都统（今黑龙江省依兰县），管辖黑龙江、松花江、乌苏里江、库页岛和海中诸岛及南北鄂霍次克海海域。三姓，赫哲语为"依兰哈拉"，"依兰"为"三"，"哈拉"为"姓"，因在此居住的葛依克勒氏（葛姓）、努业勒氏（卢姓）、胡什哈里氏（胡姓）三个古老氏族而得名。其后，胡什哈里氏一族迁往宁古塔一带，舒穆鲁氏（舒姓）迁入，与葛依克勒氏（葛姓）、努业勒氏（卢姓）为三姓。17世纪中叶开始，沙俄频繁侵入我国东北边境，赫哲族人民予以侵略者坚决反击。

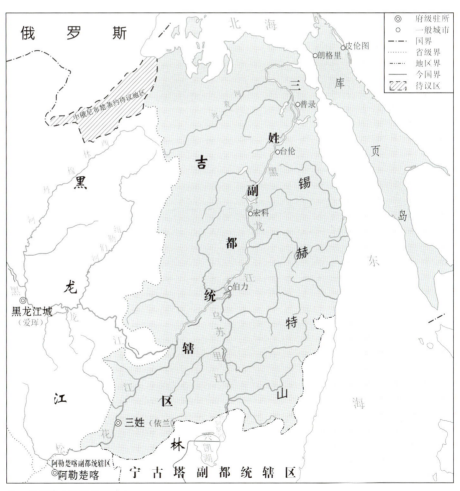

注：锡赫特山即现锡霍特山

图 2-16　清三姓副都统辖区

对于边境地区，清政府采用编户、编旗、贡貂赏乌绫（赏财帛）等制度，对赫哲族进行有效治理，巩固东北边疆，维护国家统一。图为清代生活在库页岛一带的赫哲人、费雅喀人向当地官员进贡貂皮（摘自日本间宫林藏《东鞑纪行》）。沙俄占领该区域后，该地赫哲人仍不远千里向清朝官员进贡，表示对清王朝的认同。

图 2-17　进贡貂皮

此外，为有效维护中央集权，清朝在赫哲族地区采取任命姓长、乡长，封赏赫哲族首领等方式，保持清王朝对这一地区的统治。同时，清康熙二年（1663）的《清圣祖实录》中，首次将居住在松花江下游、黑龙江中游和乌苏里江流域的原住居民称为"赫哲"，"赫哲"一名始传至今天。图为乾隆十六年（1751）的奉天诰命，封曾任驻防三姓世管佐领董萨那父母的诰命册（满、汉文）。

图 2-18　诰命册

四 / 民国及日伪时期

民国初年，政府在黑龙江桦川、富锦、同江、饶河、抚远、宝清等地区建立县制，在此居住的赫哲人归其管辖。1931年"九一八"事变后，日本侵略者为切断赫哲族与抗日联军的联系，于1942年迫使富锦县齐齐喀、茂日红阔、哈玉、街津口和勤得利等地的赫哲族离开江岸，归并到深山密林的沼泽地区，建立一、二、三部落，与外界隔离起来。赫哲族人民饱受摧残，生活极端贫困，人口急剧下降。但赫哲人不畏强暴，纷纷加入抗日义勇军和抗日联军，书写了反抗日本帝国主义侵略的光辉篇章。

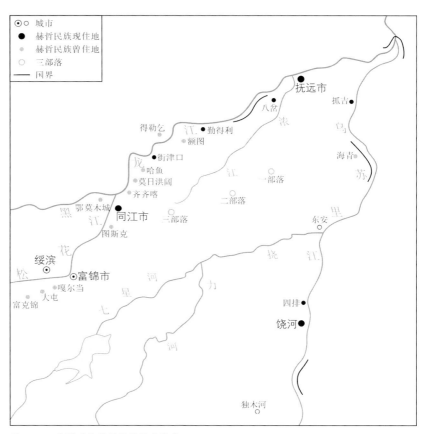

图2-19 民国时期的赫哲族的居住地

五／中华人民共和国成立后

中华人民共和国成立后，赫哲族获得了新生。党和政府高度重视民族工作，实施了民族区域自治制度，在赫哲族居住集中的地方设立了民族乡和民族村，充分保障赫哲人民的各项自主权。目前，在赫哲族聚居较为集中的"三乡四村"均已建立了民族乡、民族村。

民族乡、民族村	成立时间
同江市八岔赫哲族乡	1956 年
同江市街津口赫哲族乡	1963 年
饶河县四排赫哲族乡	1985 年
佳木斯市敖其镇敖其赫哲族村	1986 年
抚远市乌苏镇抓吉赫哲族村	2002 年
抚远市黑瞎子岛镇南岗赫哲族村	2002 年
抚远市抚远镇红光赫哲族村	2005 年

图 2-20　同江八岔赫哲族乡

图 2-21　饶河四排赫哲族乡

图 2-22　同江街津口赫哲族乡

图 2-23　抚远乌苏镇抓吉赫哲族村

图 2-24　抚远黑瞎子岛镇南岗赫哲族村

图 2-25　佳木斯郊区敖其镇敖其赫哲族村

图 2-26　抚远市抚远镇红光赫哲族村

生产方式

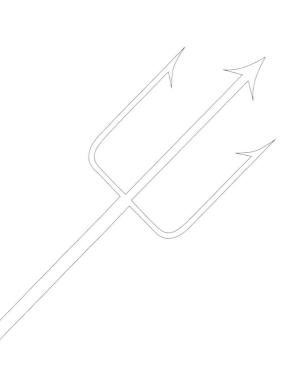

　　长期以来，赫哲族一直以捕鱼猎兽为主。《西伯利东偏纪要》记载赫哲族"夏捕鱼作粮，冬捕貂易货以为生计"。丰富的渔猎资源为赫哲族提供了"取之不竭，用之不尽"的衣食之源，养育了一代又一代赫哲人，也逐渐形成了极具民族文化特色和山水文化特征的生产习俗。

一／渔业生产

　　赫哲族渔业生产有着悠久的历史，自古赫哲族先世就掌握了捕鱼技术，与鱼息息相关、密不可分。可以说，赫哲族一切生存和发展最初都是建立在渔业生产的基础上的，同时于悠久的时空长河中，也形成了自己独特的生产习俗。

图 3-1　清代赫哲人捕鱼形象

1. 捕鱼方式及工具
叉捕
　　"赫哲渔民善叉鱼，三股鱼叉带倒须。""鱼叉在手，吃穿不愁。"叉鱼是赫哲族古老的捕鱼方式，也是赫哲渔民必备的生活本领。渔民拿着鱼叉，乘着渔船，游弋于江边河汊，静静观察，待鱼出现时，根据鱼的生活习性举叉叉之，基本上百发百中。一杆鱼叉、一条小船，生动再现了赫哲人的鲜活形象。上图为典籍中的赫哲先世乘舟叉鱼的情景。

鱼叉有连柄叉和脱柄叉之分，不同的鱼叉有着不同的用途和使用方式。连柄叉主要用于叉体形较小的鱼类，脱柄权则专叉体形较大的鱼类，两种鱼叉根据鱼情被交替使用。

当遇到鲤鱼等小型时，直接用连柄叉叉之即可。当遇到鳇鱼这样的大鱼时，如果用连柄叉直接去叉，大鱼挣扎时，稍有不慎，会造成人翻船覆。因此，捕捉大鱼常采用脱柄鱼叉跟踪捕捞的方式。当叉到鱼后，叉杆脱落，大鱼带着鱼叉游窜，捕鱼人顺着鱼漂子追撵。待鱼力竭，捕鱼人划船靠近，拉起叉绳将鱼拽到浅滩上。以柔克刚，顺势而为，这种捕鱼方式充分体现了赫哲人与自然万物相处的智慧。

到了冬季，鱼叉同样也能大显身手。在水深 1 米左右的冰面上凿一冰眼，上面搭一个简易草房，之后把门关严。渔民站在漆黑一片的小屋内，手持鱼叉静待游鱼。由于屋外亮、屋内黑，一旦有鱼经过，极易发现，便举叉叉之。也称作"冬库"叉鱼。

图 3-3　图为叉小鱼的连柄鱼叉，三齿，中间齿有两个倒须，两侧叉齿里侧各有一个倒须，叉头固定在叉杆上

图 3-2　使用脱柄叉叉鱼

图 3-4　连柄叉通常用来叉鲤鱼、鲇鱼等小型鱼类

图 3-5　叉大鱼的脱柄鱼叉。与连柄叉不同的是：脱柄叉的叉头可以脱落，叉杆上拴一根 6 米多长的绳子与叉头相连，绳子的另一头拴一个怀头鱼泡做的漂子

钓钓

钓钓是赫哲族传统的捕鱼方式。钓钓不受时节限制，无论是水上还是冰下，鱼钩都有其用武之地。在长期的生产实践中，赫哲人也创造出不同的钓具和钓钓方式，有秋特乐钩、甩钩、毛毛钩、刻格勒钩、滚钩、蹶达钩、底钩、鲤鱼钩、鳇鱼钩、浪当钩、蚯蚓钩、快当钩……

图 3-9　使用蹶达钩钓鱼

图 3-6　蹶达钩

图 3-7　滚钩

蹶达钩——赫哲语称"各钩罗固"。鱼钩用铅或锡制成小鱼形状，两钩尖相对朝上，再把小鱼用3~5米长的胶丝线与一根木棍相连。

冬季，赫哲人在冰面上相距1.5米左右打两个冰眼，人站在两个冰眼的中间，而后一手拿一把蹶达钩，交替上下拽动胶丝线，水中"小鱼"状的鱼钩就会不停地摆动，水中的大鱼误以为是真鱼在游动，便一口咬上去而被钓上来。广阔的冰面上，银线舞动，不时有鱼儿从江中钩出，在银色的世界里，冰雪、渔民与鲜活的鱼儿相映成趣。

滚钩——赫哲语称"克日斯克"，也称快钩。这种钩要经过烧钩、淬火、炒钩等70多道工序制作而成，一般一竿子要拴200多个钩，每隔30个钩拴一个铁盒漂子。

滚钩钓鱼的特点是使用方便，冬夏皆可，大小鱼都能钓，钓鱼多。通常将滚钩下在鱼儿较多经过的"坡滩中突然下陷较深的水沟"，也称"钩趟子"，待鱼儿游过时，将其钩住。与其他钩需要人时时操作不同，当把鱼竿放好后，早晚遛两遍钩即可，可谓"守钩待鱼"。

图 3-8　渔民在起钩

网捕

　　"啊朗赫呢哪，乌苏里江来长又长，蓝蓝的江水起波浪，赫哲人撒开千张网，船儿满江鱼满舱……"这是《乌苏里船歌》中所描绘的赫哲人用网捕鱼的唯美画面。网捕是赫哲人传统和普遍使用的捕鱼方式，而捕鱼的网也多种多样，主要有拉网、扒网、旋网、挂网、趟网、待河网、铃铛网、咕咚网、抬网、丝挂子网、圆锥网等。由于每种渔网的撒网时间、下网方式、人员数量等有所不同，因而，捕鱼方式各具特色。

图3-10　网捕

图3-11　夏季用丝挂网捕鱼

　　旋网——赫哲语称"烁音阿迪勒"。捕鱼时，人站在船上或岸上，用绳的一端将网的小头拴住，另一端套在一只手上，另一手把网向江中甩。网沉入江中后，再拽手里的绳子将网收起，鱼被困在网中。欲取之，必先予之。使用旋网捕鱼时，为了多打鱼，先用豆饼等鱼饵撒入浅水中，也称"喂窝子"，待鱼儿被吸引来时，再用网打鱼。

　　丝挂网——赫哲语称"卢库斯阿迪勒"。这种网有两种方式：一种是下浮网，一种是下底网。区别在于对网漂和网坠进行调整。下浮网是网漂子露于水面下的网，专捕起浮的鱼。下底网是撒网漂、加网坠，使网贴近江底，捕捉在江底游动的鱼。

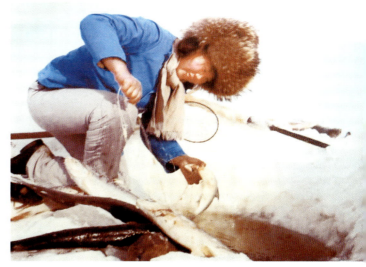

图3-12　冬季丝挂网捕鱼

图 3-13　下网前，先用冰镩凿出冰眼

图 3-14　连拉网

图 3-15　起网

图 3-16　收获

　　拉网——赫哲语称"阿低勒"。冬季在水深 1 米左右的冰面上凿好两行冰眼，冰眼分撒网眼和出网眼，每个冰眼相距 6 米左右。而后再用一根木棍拴上水线，并把网片连在一起，从撒网眼依次下入水中。过一段时间后再从出网眼起网，一次可以捕到几百斤鱼。用拉网捕鱼需要大量人力，特别是起网时，十几个人甚至几十个人一同拉拽着装满鱼儿的网出水，场面蔚为壮观。

冰镩、冰蹦子——赫哲人冬季常用的捕鱼工具。冰镩由木棒和铁制锥器组装而成，用于镩冰眼。冰蹦子一般是用铁丝织成网状，再套上木杆，用于捞冰块和打上来的鱼。

捞网——赫哲人称"绰罗子"，由筒状织网和木杆组合而成，主要配合其他网具用于捞取捕获上来的鱼。

图 3-17　冰镩、冰蹦子　　图 3-18　捞网

图 3-19　铃铛网

铃铛网——赫哲语称"地日嘎阿迪勒"，是一种专用于冬季捕鱼的工具。通常在冰槽子里下网，沿冰槽子每 2 米用木杆绑上网障插入水中，上面搭上木板房，房盖留一个洞。因每根网线上拴一个铃铛，当鱼撞到网线上，铃铛就会发出响声，渔民便迅速收网。主要用来捕捞狗鱼、亚罗鱼等。

挡亮子

挡亮子——赫哲语称"卡迪勒毕日德拉"。这是一种将鱼在水中截流，而后集中捕捞的方式。

主要材料是木桩和箔条，用箔条（一般为柳树条或铁丝）编成一片一片的帘子，然后把编好的箔绑在木桩上安装到适合挡亮子的小河或大河泡子，把鱼挡在河里或河泡子里。在小河挡亮子称"挡小亮子"，在大河泡子挡亮子称"挡大亮子"。挡小亮子一般每隔三四天遛一次箔取鱼，挡大亮子一般在冬季集中取鱼。

图 3-20　放箔

图 3-21　水下装网

图 3-22　完工后的挡亮子

图 3-23　冬季，渔民在挡大亮子的江面上用大拉网取鱼

2.捕鱼习俗

　　早期赫哲人捕鱼多为集体捕鱼，往往由渔民自愿组合在一起，同时要推选一个德高望重、经验丰富的人做"劳德玛发"（工头、把头），由他安排生产生活。捕到鱼后，采用抽草棍分鱼分配方式，把鱼按人数分成堆，渔民背着手抽取"劳德玛发"手中的草棍，从而分得相应数量的鱼，保证了公平。这种分配方式是赫哲族原始生活方式的遗存，几根草棍透露出平等互助的遗风。

图 3-24　渔民抽取草棍分鱼

图 3-25　秋捕大马哈鱼

赫哲人捕鱼遵照一定的节气观、时辰观，不同的季节和时间捕不同的鱼。如在赫哲族"捕鱼节气歌"中，"芒种鱼产卵，夏至把河拦。小暑胖头跳，大暑鲤鱼欢。立秋开了网，处暑鳇鱼上。白露鲑鱼来，秋分鱼子甩。寒露哲罗翻，霜降打秋边。立冬下挂网，小雪挡冰障……"；民间还有"稠李子开花，大鳇鱼咬牙。五花山白露水，大马哈把家回"的说法。这些都反映了赫哲人独具渔业文化特色的物候生产习俗。图为秋捕大马哈鱼和鳇鱼。从处暑开始，是捕捞鳇鱼、鲑鱼（大马哈鱼）的时节，渔民们日夜捕捞鳇鱼和从海里洄游到江里的鲑鱼。

图3-26 渔民捕捞鳇鱼

图3-27 渔民捕捞鳇鱼

图3-28 地窨子和窝棚

在鱼汛期来临时，为了方便捕鱼，赫哲人常常在打鱼滩地搭建地窨子（半穴居住房）或撮罗子（窝棚）暂时居住。"就地埋灶，土炕一铺，船儿一只，天亮出船，归时，饭菜飘香，鱼儿满舱"生动地描绘了渔民临江生活的场景。

二／狩猎生产

　　赫哲族世居三江流域，这里不仅有稠密的水系，还有茂密的森林和广阔的荒原，为赫哲人的狩猎生产提供了丰富的资源。同捕鱼一样，狩猎同样历史悠久，其狩猎经济发展程度之高、工具之完备、时间之长久，在世界民族发展史上也是少见的，同时也形成了独具民族特色的狩猎生产习俗。如今，狩猎已不是赫哲族维持生计的主要方式，但其所承载的独特的狩猎文化依旧闪烁着灿烂的光芒。

1. 狩猎工具

　　赫哲族狩猎早期使用的工具主要有弓箭、扎枪等。后来，火绳枪、"洋炮"、连珠枪、套筒枪、毛瑟枪等先后传入，狩猎进入了火器阶段，狩猎效率大大提升。此外，还发明了累刀、下闸、窟窿箭、夹子、捕貂网等辅助工具。每一种工具赋予不同的狩猎方式，也体现了赫哲人的智慧。

扎枪

　　赫哲语称"激达"，早期把硬木削尖，后改为铁制的枪头，是早期赫哲猎人必备的狩猎工具。当赫哲猎人遇到熊、野猪等大型野兽时，习惯用这种"激达"与野兽进行搏杀。如发现熊有可能藏身的洞口，先让猎犬嗅一嗅，如果确定有熊，就往洞内扔擦枪油的破布，熊受不了枪油的气味，便钻出洞外。这时，猎人们乘机用"激达"猛刺熊的胸部，大家相互配合，直至捕获。

图 3-29　猎熊的"激达"　　图 3-30　普通的"激达"

弓箭

　　赫哲语称"勃力牛录"，是赫哲人最古老的狩猎工具。历史记载为"楛矢石砮"，即用楛木做箭杆，用坚硬的青石做箭镞，是赫哲族先民供奉中原王朝标志性的贡品。后期，石箭镞变为铁箭镞，主要用于猎取鹿、野猪等动物。在赫哲族神话中，讲述一个英雄用弓箭射下两个太阳，左右开弓，箭箭命中。可见，弓箭在赫哲族先世狩猎中已被广泛使用，同时也体现了征服自然的强烈愿望。

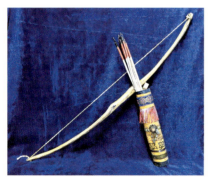

图3-31　弓箭

图3-32　木制伏弩

图3-33　铁制线弩

伏弩

　　也称地箭，赫哲语称"舍拉迷"，是赫哲族狩猎常用的机关之一。弓为硬木材质，弦为狍、鹿筋，箭镞为铁制。伏弩有大小之分，大伏弩用于捕捉野猪等大野兽，一般是把伏弩平设在猎物经常出没的路上，用树杈支起，高度与动物胸腰部相近，之后用绳子做牵引。当野兽在此经过触动销栓，箭头平射出去击中猎物。小伏弩则是箭头是从上往下射，用来捕捉鼬鼠、貂等小动物。

图3-34　猎人安装伏弩

捕貂网

赫哲语称"乌库"，呈袖筒状，一端留口、一端封住，主要用于捕捉貂等小动物。使用时，把网支在洞口，然后用烟熏驱撵的办法，使貂从洞中跑出进入网中，便能捕获猎物。

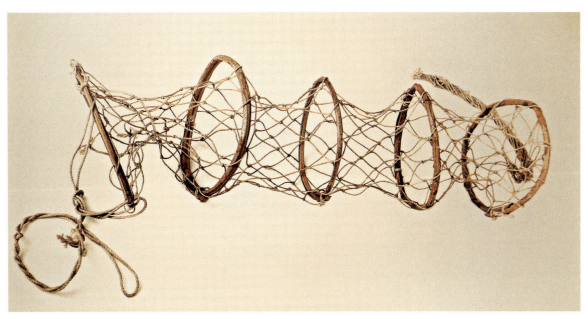

图 3-35　捕貂网

窟窿箭

主要用于捕捉鼯鼠、貂等小型动物。多用木板做成，一头有一个约 17 厘米长、20 厘米宽的窟窿，把弓接到木板上，箭头用元钢制成。使用时，将窟窿箭放在动物经常出没的地方，当动物触动机关，窟窿箭就会发射箭头射向猎物。

图 3-36　窟窿箭

夹子

　　赫哲语称"卡布卡那"，用来捕捉狐狸、貉子、禽类等猎物。使用时，将夹子放到水里或沙地里，盖上树叶、杂草，虚虚实实，制造假象。当动物经过，踩上机关就会被捉到。有时，为诱惑猎物，还常常在夹子的销栓上放一些鸡毛或肉，或将肉挂在树上、把夹子放在树下，待猎物被吸引过来时，很容易被夹住。用夹子捕获猎物，不伤皮毛，因此被赫哲族猎人广泛使用。

图 3-37　木制夹子　　　　　　　图 3-38　铁制夹子

图 3-39　猎人用木夹子捕获野鸡

猎枪

　　赫哲语称"毕罕各一达"。近代以来，赫哲人开始使用猎枪进行狩猎，主要有火绳枪、别拉弹克、"洋炮"、步枪等。由于猎枪火力大，经常用于捕获野猪、熊等大型野兽，获取猎物也更加容易。

　　有了猎枪，赫哲人狩猎进入了火器时代，同时也练就了射击本领，可谓百发百中，个个是神枪手，不仅提高了狩猎效率，而且在清末和民国时期，赫哲族青壮猎民还组成马队和炮手队，与日本侵略者进行了坚决的斗争。

图 3-40　猎枪　　　　　　　　　　　　　　　　　　　图 3-41　弹夹

图 3-42　赫哲人用猎枪狩猎

除了制造工具，一些动物经过驯化，也成为不可或缺的狩猎工具。如猎犬，赫哲人称"因达"，既可以拉运雪橇，还能帮助狩猎，是猎人必不可少的帮手。狩猎时，猎犬依靠自身嗅觉优势，主动寻找野兽踪迹。当发现洞穴藏有野兽时，就会以嗅闻或爪挠等动作告知猎人。当猎人离开时，猎犬会看好洞口，以防野兽跑掉。当捉到野兽时，为了不破坏它的毛皮，猎犬多用嘴舍着死野兽，而不会轻易吃掉野兽。由于猎犬与赫哲人的密切关系，赫哲人有敬犬、爱犬、不食犬的习俗，常常主人宁可挨饿，也要把食物先给犬食，猎犬死后更是不忍食用。

　　此外还有马，赫哲人称"莫林"，是赫哲人狩猎重要的辅助工具。早在辽金时期，就有赫哲先人"以马贡于朝廷"的记载。狩猎时，不仅可以用它追赶鹿、狐狸等野兽，还可以用来拉运爬犁。特别是在清末，随着猎枪的普及，马被广泛用于狩猎生产。

图 3-43　那乃人带着猎犬狩猎　　　　　　　　　　图 3-44　赫哲人骑马狩猎

2. 狩猎习俗

赫哲人狩猎一般多为集体狩猎，也称围猎。参加狩猎者都是男人，少则两三人，多则十几人。每个狩猎集体都推选一个有经验、办事公正、年长的"劳德玛法"（把头）组织狩猎活动。围猎通常要到深山老林中，少则几天，多则半个月。进山狩猎，必须遵守狩猎规矩。首先要祭拜山神，在树上挂上红布，插上篝火剩余的木棍作为香火，再放些食物。而后猎人们要磕头，求山神爷说：保佑我们打围（围猎）顺顺当当，快当些。进山后，不能讲怪话；不许坐大树桩子，因为那是山神爷坐的；不能踩另一伙猎人的脚印，否则会被认为不尊重别人；做饭时，不能用刀子翻锅或是铲锅，否则就割断了打猎的好运气……这些规矩，一方面体现了赫哲人对大自然的崇拜，同时也反映了狩猎生活的艰辛。

图 3-45　1959 年同江八岔村狩猎队

图 3-46　猎人们在围猎间隙野炊

赫哲人狩猎有很强的季节观，不同季节猎取不同的动物。如春季以猎鹿为主的打"红围"，以捕捉貂、貉子等细毛兽为主的打"秋围"和"冬围"。同时，赫哲人根据动物的习性，创造了不同的方法，如猎鹿就有围猎、蹲碱场、卡鹿道、鹿哨诱猎等猎法。由于鹿的本性非常机灵，赫哲民谚称"鹿有千年寿，步步担忧愁"，因此，多采用"智取"的方式猎鹿。因鹿喜欢吃碱，猎人就身着狍皮狍帽伪装起来，待鹿吃碱时射击捕获；还有吹起桦皮哨子，模仿公鹿鸣叫声，将野鹿引诱过来进行捕获，哨子用桦皮条卷成，吹之发出"呜呜"声音，像公鹿鸣叫。

图 3-47　猎鹿而归的赫哲族猎人

图 3-48　用来引诱野鹿的桦皮哨，也称"鹿叫子"

图 3-49　赫哲猎人

在捕获猎物后，该如何分配，同样反映了一个民族的精神特质。赫哲人对猎物进行分配时，自觉遵循一定的传统习俗，如：猎人捕获到被别人追赶的野兽，或只要获猎者还未把猎物背起来，赶到现场的人要分得一份猎物，也叫"见面分一半"；对鳏寡孤独、无劳动能力，或有劳动能力出猎但没有捕到猎物的族人，也要分一部分猎物。这种分配方式，体现了原始互助的思想。

图 3-50　赫哲人将猎物分给无劳动能力的妇女和儿童

图 3-51　赫哲猎人

三 / 多元经济

千百年来，赫哲族的生产方式一直以渔猎为主。中华人民共和国成立后，在党和政府的帮助下，赫哲人纷纷改进捕鱼设备和工具，渔业生产有了较快发展。改革开放后，党和政府积极引导赫哲人转产发展种植业，逐步转为农、副、渔、林、猎等多元经济相结合。党的十八大以来，赫哲人大力发展现代农业、旅游业和服务业，呈现出各业齐头并进的格局。如今，"夏捕鱼作粮，冬捕貂易货"的单一渔猎经济已成为历史，一个经济多元、生活富足的赫哲乡呈现在世人面前。

1. 渔业

传统的渔业在赫哲人生产中仍占有一定的比重，先进的捕鱼设施使捕鱼效率更高。如抚远南岗赫哲族村赫哲人仍以打鱼为主要生活来源，但如今的渔业生产却发生了巨大变化，实现了从木板船到机动船、从单纯的捕鱼到养殖和精深加工的升级换代。赫哲人利用传统渔业生产优势，大力发展人工繁育和网箱养鱼，既增加了收入，又保护了野生珍稀鱼类。同时进行鱼产品精深加工，打出了赫哲族"鱼"字号，实现了传统渔业的增值增效。

图 3-52　江滩边，渔民整理渔网

图 3-53　冬捕

图 3-54　鲟鳇鱼养殖基地

图 3-55　加工鲟鳇鱼

图 3-56　休渔期，停靠在赫哲族住户前的打鱼船

2. 农业

除了渔业，农业也日渐成为赫哲族聚居区重要的产业。赫哲人早年不从事农业生产，《吉林通志》记载："其地土性寒，春晚霜早，不产五谷，春夏取河鱼为食，秋冬捕野兽为食……"《清文献通考》云："自宁古塔东七百余里外，沿松花江、大乌拉江（黑龙江）直至入海处，两岸为赫哲、费雅喀部所居，其不知耕种……"清时，由于编入八旗的赫哲族渔民戍边的需要，特别是随着流人（发遣边疆的"犯人"）、流民迁入三江地区并带来先进的农耕技术，赫哲人开始从事农耕。中华人民共和国成立后，在党和政府的引导下，农业得到了较快发展，成为赫哲人的重要收入来源。

图 3-57 大力发展现代农业

图 3-58 大力发展黑蜂养殖

图 3-59 同江市八岔赫哲族乡"赫牛"千头肉牛养殖基地

3. 旅游业

进入 21 世纪以来，随着国家对人口较少民族的扶持，赫哲族利用当地特有的自然资源和民族风俗，大力发展旅游业和服务业，民俗村、风情园、民族餐饮、民宿、工艺品加工等火热兴起，日益成为赫哲人主要收入来源，促进了经济较快发展。走进今天的赫哲乡，一幅幅产业兴旺、景象万千的画面正徐徐展开。

图 3-60　饶河县四排赫哲族乡风情园

图 3-61　抚远市抓吉赫哲族民俗馆

图 3-62　佳木斯市郊区敖其赫哲族村敖其湾赫哲水寨

图 3-63　同江市街津口赫哲族乡民俗文化村

图 3-64　敖其赫哲族村村民为游客表演萨满舞

图 3-65　同江市街津口伊玛堪艺术团进行赫哲族婚俗表演

图3-66 赫哲人利用鱼皮和桦树皮等传统制作工艺，加工特色工艺品，产品远销国内外

图 3-67　饶河县四排赫哲族乡村民开办的酒店

图 3-68　同江市八岔赫哲族乡村民开办的家庭旅馆

图 3-69　抚远市抓吉赫哲族村村民开办的民宿

图 3-70　同江市街津口赫哲族乡的民族特色餐饮

第四章 生活习俗

　　赫哲族在长期的生活实践中，传承了本民族独特的生活习俗，突出表现在衣食住行等方面。从传统的鱼皮衣、兽皮衣、桦皮用具，到以鱼为主加工制作的各色菜肴，再到地窨子、马架子、桦皮船、快马子等传统居所和出行工具，这些都浸润着赫哲人的智慧，彰显了显著的民族特色。

一 / 衣着服饰

赫哲族早年的衣服、被褥多用鱼皮、兽皮制成，故有"衣帽多以貂为之"或"男女衣服皆鹿皮鱼皮为之"的说法，因此有"鱼皮女真""鱼皮部落"的别称。清《宁古塔山水记》记载："鱼皮部落食鱼为生，不种五谷，以鱼皮为衣，暖如牛皮。"赫哲族民间也有"吃不尽的伊玛哈（鱼），穿不完的鱼皮衣"的谚语。千百年来，赫哲人依身于自然界，从最初的满足饱暖之需，到追求美丽和个性，赫哲人与大自然融荣共生，服饰在时代发展中不断变化、在求新中坚守传统，其服饰的变化也充分反映了民族的特质和智慧。

图4-1 19世纪初，日本间宫林藏在《东鞑纪行》中绘制的赫哲人和赉雅喀人等当地土著民族的形象，图中可见当时人普遍身着兽皮和鱼皮

图4-2 做工精美的那乃族妇女鱼皮长袍

1.鱼皮服饰

鱼皮长袍

清代以前，赫哲族妇女们多穿长袍，材质多由鳇鱼皮、大马哈鱼皮或鲤鱼皮制作而成。其样式如同旗袍，衣长过膝，腰身稍窄，下摆肥大，呈扇面形。袖子肥大而且短，没有衣领，只有领窝。袖口多采用紫色，上面缝有彩色花带，衣服的襟口、领口、前胸和后背上都有云纹和各种野兽图案，显得古朴美观。

图 4-3　男式对襟鱼皮服

图 4-4　男式鱼皮裤

图 4-7　那乃族儿童鱼皮服

图 4-5　女式偏襟鱼皮服

图 4-6　女式鱼皮裤

图 4-8　齐口鱼皮套裤

图 4-9　偏襟鱼皮上衣

鱼皮衣裤

　　多用鲑鱼、哲罗鱼、狗鱼、草根鱼、鲟鱼等鱼的皮制作而成。女式鱼皮上衣多为偏襟，简洁大方，得体朴素。领边、衣襟、袖口一般都绣上云纹，或用鱼皮细条粘贴成动物、花草等各种图案，并用野生植物的花卉染成红、黄、蓝、绿等颜色。磨鱼骨或以皮条结成疙瘩为扣，缀海贝壳为边饰。男式鱼皮上衣则多为对襟，装饰稍显庄重。

　　套裤上端分齐口和斜口，男人穿的斜口套裤赫哲语称"卧又克衣"，女人穿的齐口套裤赫哲语称"嘎荣"。裤的上下边缘均绣有花纹，以示美观。这种套裤，冬天狩猎时穿抗寒耐磨， 春、夏、秋季捕鱼时又能起到防水和护膝的作用。

图4-10　身着传统鱼皮衣的赫哲族少女

图4-11　融合传统和现代元素的时尚鱼皮服装

进入21世纪，传统的鱼皮服饰已不再承载防寒保暖的功能，更多作为一种民族符号和历史记忆展示给世人。特别是将现代时装元素融入鱼皮衣中，使古老的鱼皮衣更具美观性、时尚性，更符合现代人的审美需求。如今，新式的鱼皮服饰已成为赫哲族重大节日不可缺少的元素。

图4-12　那乃人制作的鱼皮靴

图4-13　装饰有鱼皮花结的鱼皮靴

鱼皮靴

　　也称鱼皮乌拉，赫哲语称"温塌"，多用怀头鱼、哲罗鱼、细鳞鱼、狗鱼等鱼的皮制作而成。乌拉由身、脸、靿3个部分组成。乌拉身的前段抽褶，缝成半圆形的脸，用细鳞鱼皮、狗鱼皮缝成乌拉靿子，缝上兽皮条或细绳做带，絮上捶软的乌拉草，穿时把乌拉靿子裹在小腿上扎紧。冬天狩猎捕鱼穿鱼皮乌拉，走在雪地既轻便又暖和，还不透霜、不打滑，正是：鱼皮乌拉是个宝，捕鱼狩猎离不了。

图4-14　鱼皮和棉布一体的鱼皮靴

鱼皮帽

　　呈圆形，多为平顶。做法是利用鱼皮的天然纹理拼成圆形，用棉布或绸布做帽里，用带有颜色的或者本色的鱼皮做帽檐贴边，缝合后再上帽顶。帽的周围装饰有染成蓝、白、红、黑色的鱼皮，或者用本色鱼皮拼成的云卷花纹或波浪花纹图案。此外，赫哲族妇女还喜欢用鱼皮做成头饰，区别于鱼皮帽防雨保暖的功能，鱼皮头饰更倾向装饰和美观。每逢节日或平时，她们常常戴上自己精心制作的头饰来展现与众不同的美。

图 4-18　鱼皮头饰

图 4-15　男式鱼皮帽

图 4-16　女式鱼皮帽

图 4-17　那乃族男式鱼皮帽

图 4-19　那乃族女式鱼皮帽

2. 桦树皮服饰

除了采用鱼皮作为服饰的原料，桦树皮也能派上用场，如用桦树皮制成的帽子。赫哲人居住的黑龙江、松花江和乌苏里江沿岸，白桦丛生，这些也为赫哲人提供了衣食之源。桦树皮帽，赫哲语称"博如"，其形状似斗笠，顶尖檐大，既可遮光，又可避雨。帽檐上镶有各种桦树皮刻的云卷花纹、波浪纹、鹿、鱼等形象，或粘贴用鱼皮剪成的各种图案，既轻巧又美观。此外，赫哲姑娘常把它送给心爱之人作为爱情的信物。

图4-20 头戴桦树皮帽的那乃族少女

图4-21 各式桦树皮帽

图4-22 身着狍皮大衣的赫哲男人

3. 狍皮服饰
狍皮大衣

赫哲语称"卡什克衣"，一般长至膝下。冬天穿的狍皮大衣用长毛皮制作，春秋穿的用短毛皮制作，夏天穿的用去毛光板皮缝制，前后有开裾。扣子是用细袍皮条拧绳打成结缝在衣襟上，衣襟染有黑色云纹，缝制兽皮衣的线用狍、鹿筋制成。在冬季，身着狍皮大衣既保暖又耐穿，因此，俗语常说：狍皮大哈披在肩，数九腊月不怕寒。

图4-24 狍皮大衣

图4-23 狍皮手套

狍皮手套

赫哲语称"卡其玛"，用熟好的带毛狍皮制成。拇指单分开，手背、拇指处皮子抽褶缝连，腕里开一横口，便于把手由横口伸出扣动猎枪扳机和抓握东西。

狍头皮帽

　　赫哲语称"阔日布恩出"。制作方法是剥狍皮时，将狍子头皮完整地剥下来，熟好后，把耳朵、眼睛缝补好，再用狍子腿皮缝一对帽耳接上，用狍皮镶上边。狍头皮帽不仅保暖，而且还是用来伪装的天然道具。赫哲人狩猎时，为了不被野兽察觉，常常身着狍皮衣，头戴狍皮帽，静静地潜伏蹲守，远看就如同狍子一样。

图 4-27　戴狍头皮帽、身着传统服饰的赫哲人

图 4-25　狍头皮帽

图 4-26　狍皮坎肩

图 4-28　狍皮袜子

图 4-29　狍皮靴子

　　此外，赫哲人还充分利用狍子皮的特性，加工制作成裤子、坎肩、靴子、袜子等日常服饰用品，在春秋季节，特别是冬季穿着使用，起到保暖御寒的作用。这些原本是兽皮做成的衣物，经过精心缝制与加工，条顺肌缕，浑然天成，朴实而不失精致，展示了一种古朴原始的美。

图4-30 身着鹿皮衣的赫哲妇女

4.鹿皮服饰

鹿皮衣裤

鹿皮也是赫哲人服饰常用的材质。用鹿皮做成的衣裤利用鹿皮的天然纹理，再缝制上云环纹等装饰，使鹿皮衣更显华贵美丽，穿着起来既美观又温暖舒适。

图4-31 女式鹿皮衣帽　　图4-32 男式鹿皮衣

图4-33 鹿腿皮长靴

鹿腿皮长靴

赫哲语称"温得"。用鹿腿皮拼成，衬里为短毛狍皮，靴底为野猪皮，靴口用水獭皮绲边，用鹿筋缝制，靴长至膝上，结实美观，很受赫哲人喜爱。

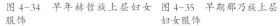

图4-34 早年赫哲族上层妇女服饰

图4-35 早期那乃族上层妇女服饰

5. 绸缎服饰

　　清末民初，随着布匹渐次传入赫哲族地区，赫哲人逐步告别了鱼皮、兽皮服饰，改用布做各式衣服。初期，赫哲人穿着多为棉布材质的布衣长袍，色泽比较单一，纹饰极少。随着审美意识的增强和缝制技术的日臻完善，赫哲人的衣服上开始出现了刺绣和缝制的各种构图美观、色调鲜艳的纹饰图案。这些图案既有云朵、花等抽象化的自然万物，也有龙、蛇、树神等图腾崇拜，使服饰更显华丽（见图4-34、图4-35），两者在服装的样式、风格与纹饰上异曲同工。

图4-36 赫哲族女式绸缎长袍

图4-37 赫哲族男式绸缎长袍

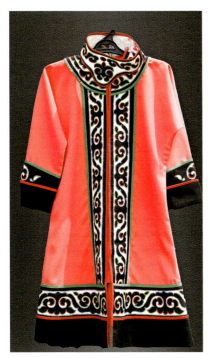  

图 4-38 那乃族女式对襟上衣　　　图 4-39 那乃族男式对襟上衣　　　图 4-40 那乃族完整的一套
　　　　　　　　　　　　　　　　　　　　　　　　　　　　　　　　　　　　　女式服饰

图 4-41 20 世纪 80 年代赫哲族服饰

　　中华人民共和国成立后，随着生活的改善，特别是在重大节庆时，绸缎长袍开始更多出现在人们的视野中。女装色调鲜艳，男装色调偏深、暗，剪裁合体，并把各色丝线、棉线、蕾边等缝制成云卷、浪花、动物、植物等多样的纹饰图案，穿着明快艳丽。

　　20 世纪 80 年代，赫哲妇女服饰色调和样式日渐丰富。这一时期，服饰有偏襟绸缎长袍和对襟上衣，颜色鲜艳，装饰不多，饰有少量云卷纹，简洁明快，比较实用。

进入 21 世纪后，受其他民族的影响，赫哲族绸缎长袍的装饰明显增多，除传统的云卷纹、浪花、花朵等元素外，还融入了许多现代工艺和时尚元素，女式长袍袖口普遍采用短袖、敞口，衣襟和裙边点缀更加绚丽多姿，其象征意义大于实用功能，多在民族节日和举办活动时穿戴。

那乃族服饰与赫哲族服饰相比，两者有很多相同的元素，但那乃族传统服饰工艺上更加繁缛复杂，装饰更加精细多样，现代元素较少，较好保留了本民族的风格，更显原始与古朴。

图 4-42　赫哲族服饰

图 4-43　那乃族服饰　　　　　　图 4-44　那乃族服饰

二 / 民族饮食

赫哲族自古以渔猎为生，其食物来源主要是各种鱼类和动物。《吉林通志》载曰："春夏取河鱼为食，秋冬捕野兽为食。鱼干鹿肉，家家堆积为粮焉。"记述了赫哲族的饮食习惯。在获取大自然馈赠和应对高寒的生活实践中，赫哲族创造出了各种特色饮食，主要有生食和熟食两大类，特别是生食类独具特色，形成了食材原料的天然性、食物结构的御寒性、烹调方式的简易性、进食方式的便捷性等比较显著的饮食文化特征。

赫哲人每逢重大节日活动或有贵客来做客时，都会精心准备一桌以鱼为主体的宴席，也称"全鱼宴"。食材主要为黑龙江、松花江、乌苏里江盛产的野生淡水鱼"三花五罗"，即鳌花、鳊花、鲫花，哲罗、发罗、雅罗、铜罗、胡罗，还有鲟鱼、鳇鱼、鲤鱼、鲫鱼等野生鱼，用赫哲人古老传统的方式，同时结合现代工艺进行加工制作，通常由10道至20多道菜肴构成。生、熟、冷、热、炖、炸，刹生鱼、塔拉哈、晒鱼干、鲜鱼籽、炒鱼毛、烤鱼干、拌鱼筋、鱼丸汤……构成了独具一格的赫哲族特色饮食文化。

图4-45　赫哲人家的节日鱼宴

图4-46　用来招待贵客的赫哲全鱼宴

图 4-47　各种特色鱼肴

　　原始的渔猎生活使赫哲人在饮食上习惯因陋就简、就地取材。在江滩、在渔场，随处可见赫哲人用几根木杆支起一口铁锅，拢起一团火烤鱼炖鱼，或是制作刹生鱼，全家围坐在一起共享美食的场景，至今还保留着原始的饮食习惯。

图 4-48　赫哲人在船上制作刹生鱼

这里值得一提的是，赫哲渔民有开网捕鱼吃鲜鱼的习俗。在打春秋鱼和冬捕的时候，打的第一网鱼都要制作刹生鱼或炖煮，开怀畅饮，以此来祈求和祝福一年捕鱼丰收，有个好兆头。

图 4-49　烤鱼

图 4-50　食用刹生鱼

如今，每逢节会或重大活动，展示赫哲族特色菜肴制作手艺已经成为必不可少的民俗活动。柳条烤鱼、铁锅炖鱼、刹生鱼等传统的赫哲族菜肴倍受人们喜爱，在品尝美味、增加节日气氛的同时，更展示和传播了赫哲文化。

图 4-51　烤鱼

图 4-52　铁锅炖鱼

图 4-53　制作刹生鱼

刹生鱼

赫哲语称"踏勒克"。用鲜活肥鱼为原料,放血后,剔下鱼肉切丝,拌上姜葱和野辣椒,放些盐和醋即可食用。同时也可以辅之以黄瓜丝、白菜丝、土豆丝、粉丝等各种配菜,吃起来鲜嫩可口,倍受赫哲人的喜爱。

赫哲人制作刹生鱼可谓历史悠久。相传在古代,一位刚过门的新媳妇聪明伶俐。有一天,老公公想考考她,让她做一道鱼菜,要求做好后,鱼看似生的,但吃起来又是熟的。新媳妇毫不犹豫地答应了。只见她把两条活鱼开膛剖肚,清洗干净,然后把生鱼切成丝,用醋泡上,之后再把鱼皮放在火上烤到焦黄脆香,最后把鱼皮切成丝,再放一些佐料搅拌均匀,一道刹生鱼就做成了。老公公吃过后,连说:"做得好!"从此,这道菜就在赫哲族中传开了。虽是传说,但却生动反映了赫哲人的聪慧与心灵手巧。

图4-54 鱼肉切丝后拌上黄瓜等配菜做成的刹生鱼

图4-55 刹生鱼剔肉是制作中的基础工作,也是个精细活。首先将鱼肉从鱼身割下来,而后切成适当宽窄的鱼块,再将鱼块紧贴鱼皮片下来切成细丝

图4-56　先将鲜鱼切成鱼片，而后用柳条串上

烤鱼片

赫哲语称"达勒格切"，也叫"塔拉哈"。选鲜活肥鲤鱼，将肉贴脊背剔下，切成连搭薄鱼片，用削尖的柳条串上，在炭火上烤至五六分熟，去掉鱼鳞、横切条块、蘸盐或醋吃；也有的在醋里放些辣椒油、韭菜花，使味道更加浓郁。烤鱼片是赫哲人最常食用和招待客人的传统美食。

图4-57　将柳条串好鱼片放在木炭上烤

图4-58　烤至五六分熟后，切片蘸料食用

图4-59　刨花

刨花

赫哲语称"苏拉克"。通常在食用前，先把冻透的狗鱼、雅莫斯哈、细鳞鱼、鲟鱼、鳇鱼或哲罗鱼等剥皮，削成如同刨花似的薄片，蘸盐、醋、韭菜花和辣椒油食用。在冬捕的季节，由于条件限制，赫哲人常常随手将捕捞上来已经冻透的鱼切开，做成刨花，一边吃着刨花、一边喝着白酒，充饥御寒。

图4-60　吃刨花

生鱼片

　　赫哲语称"拉布塔哈"。将活鱼的血放净，刮净鱼鳞，然后将鲜鱼肉剔下来，切成薄肉片，不加任何蔬菜，直接蘸着醋、盐吃，或拌辣椒油吃；吃起来脆生生，再配以白酒，则别有味道。在鱼滩，常常见到赫哲人用这种方式食用鲜鱼。

图 4-62　食用生鱼

图 4-61　生鱼片

图 4-63　鱼籽

鱼籽

　　赫哲语称"查发"。大多数鱼的鱼籽可以炖着吃，雅莫斯哈、狗鱼的鱼籽也可生着吃。鲟鱼籽、鳇鱼籽和大马哈鱼籽一般拿筛子搓下粒后，用适度温盐水腌上一会儿即可食用。大马哈鱼籽则既可以当菜吃、拌饭吃，还可将鱼籽晒干后储存起来，待到冬季掺在粥里吃。

图 4-64　鱼籽

炸鱼块

　　赫哲语称"依斯额母斯额"。多挑选大马哈鱼肥的部分，切成寸许的方肉块，用盐和各类配料卤制后，再用油炸酥，便可食用。

图 4-65　炸鱼块

图 4-66　炖江鱼

江水炖江鱼

　　赫哲语称"乌鲁恨依马哈"。与刹生鱼、生鱼片、刨花等生鱼类相比，炖鱼，特别是用江水炖江鱼则堪称熟鱼类的精品。其做法是把新鲜的白鱼、鲤鱼、鳖花、鳊花等鱼处理干净后，用清澈的江水煮炖，放些山花椒等调料，其味鲜美异常。图为赫哲渔民在江滩地窨子旁用铁锅炖江鱼。

生吃狍子肝

　　赫哲语称"又亲护克音博时坤介佛"。赫哲族猎人喜欢把刚刚猎获的狍子的肝生着吃，据说有明目养肝、增强视力的功效。如今，随着狩猎被禁止，这一饮食习惯已逐渐消失。

图 4-67　猎获狍子

炒鱼毛

　　赫哲语称"路斯恨"，是赫哲人过去经常食用的主食。在捕鱼旺季，赫哲人常常将多余的大鱼在大锅煮熟后再慢慢炒，直到炒干呈颗粒状，备到冬天吃。炒鱼毛多用怀头鱼、胖头鱼等。炒制时先把鱼剥皮，切成大块，大火煮熟，去除鱼刺，再用小火烘焙翻炒。鱼毛可以拌饭吃，也可以用饼蘸鱼毛吃。

图 4-68　炒鱼毛

三 / 起居住所

赫哲人为适应渔猎生产的需要，均选择江河两岸高处和接近渔场、猎场的地方居住。他们早年住房有地窨子、撮罗子、马架子和木刻楞，材料均为就地取材，并根据生产需要和生活习性，赋予各种居所不同的功能和作用。"夏天住昂库，冬天住地窨；马架子里暖又热，鱼楼子里有吃喝。"这一赫哲族俗语对赫哲人居所的特点给予了生动描述。中华人民共和国成立后，随着生活水平的提高，居住条件有了极大改善，各赫哲族聚居区纷纷建起既体现民族特色、又有现代元素的新型住房。

图4-69 早期赫哲人居住的"撮罗子"

撮罗子

最早出现的住房是尖顶窝棚，赫哲语称"撮罗昂库"。"撮罗"意为尖，"昂库"意为窝棚，也称"撮罗子"。其建造方法是：用木杆支起一个圆锥形架子，在上面绑上多道横条子，再从底部一圈一圈向上苫草，苫到顶尖用草绳扎住即可，也有的用桦树皮和兽皮苫成。"撮罗子"没有窗户，只有一个朝阳面开的门，室内地面摆好木杆、铺上厚草或兽皮即可住人。

图4-70 用桦树皮苫成的"撮罗子"

图4-71 赫哲人在江畔临时搭建的圆顶窝棚

图 4-72 19世纪初赫哲人居住的半穴居建筑

图 4-73 穴居内部陈设

除了尖顶窝棚，还有一种圆顶棚子，赫哲语称"阔恩布如昂库"。是用柳条烤成半圆形，一根根埋在地里连在一起，形成马蹄形，再顺着绑扎上横杆固定，架子周围从上往下苫草或覆盖兽皮和棉布，形成一个半圆形房屋。

地窨子

经过"窝棚"时代，赫哲族第二代住房"地窨子"开始出现。地窨子，赫哲语称"希日兔克"，是一种古老的穴居式住所。1808年，日本人间宫林藏受日本幕府委派，深入到东鞑，即今天的库页岛和黑龙江下游进行侦察，并著有《东鞑纪行》，详细描述了包括赫哲族在内的当地人的生活情况，其中就有赫哲族居住的穴居式建筑，如图4-72、图4-73所示。

地窨子作为适应高寒条件下的住房，直到20世纪40年代还有人居住。其建造方法为向地下挖约1米深的长方形土坑，在土坑中间前后立起柱脚，架上檩子，再钉上椽子。椽子上端搭在檩子上，下端直接戳在挖好的坑边的土里，上面铺好笤条和草即可。门朝向阳面开，门旁有简易的窗户，屋内搭铺或搭火炕。早年，多用去鳞的胖头鱼皮糊窗户；后来用纸糊，涂上鱼油，既结实又亮堂。

图 4-74 赫哲人早期居住的地窨子

图 4-75 现今，地窨子只是赫哲人在打鱼时临时搭建使用

图4-76 赫哲人早期居住的马架子

图4-77 那乃人早期居住的马架子

马架子

赫哲语称"卓",是在地窨子基础上发展而成、比地窨子高一层次的住房。其墙壁用土坯垒砌,架檩子,钉椽子,上苫茅草。一般坐北朝南,房门开在南山墙上,门的两侧各开一扇窗户。房间东西两边搭火炕,厨灶设在火炕的南端。马架子后来逐步演变成赫哲族居住的正房。

木刻楞

赫哲语称木刻楞为"塔克吐",也叫"鱼楼子"。是在原木建成的木屋底铺原木,周围用原木做墙壁,顶盖苫草,底部用4根或6根木柱做柱脚的桩式建筑。鱼楼子具有防潮防鼠防家畜的特点,多用于存储鱼干、肉干、粮食及狩猎工具,故有"塔克吐、鱼楼子,挂满鱼干和兽肉"的俗语;同时因其通风凉爽,夏季也可住人。

图4-78 日本间宫林藏在《东鞑纪行》中绘制的19世纪初赫哲人的仓库,即早期的木刻楞

图4-79 俄罗斯那乃人原始民居,其构造方式主要是木刻楞

图4-80 20世纪90年代抚远抓吉赫哲村村民的鱼楼子

图4-81　清末满洲正房

图4-82　20世纪90年代赫哲族居住的正房

满洲正房

后期，随着生产力的发展，泥草房开始出现，也称满洲正房。其早在两三百年前就在赫哲族地区出现，是草苫屋顶起脊的楔形住房。建造方式是用土坯或用泥土浆和草辫子拧成"拉哈辫子"垒墙，房顶用椽子和檩子做支架，上用泥抹好并用草苫上。满洲正房一般为两至三间，内设居室和厨房，居室内搭南北火炕。20世纪50年代，定居的赫哲人多居住于这种住房。

现代民居

改革开放后，随着赫哲人生活的改善，居住条件发生了根本性的变化，从过去的泥草房逐渐过渡到砖瓦房、楼房、别墅等新式住宅。这些民居不仅具有现代住宅的舒适、实用与美观，同时在建造时也注入了赫哲元素，更具民族传统特色。

图4-83　同江八岔赫哲族新居

图4-84　抚远抓吉赫哲族新居

图4-85　佳木斯敖其赫哲族新居

图4-86　俄罗斯那乃人现代民居

四 / 交通工具

清代以前，赫哲人居住的地方多为荒原，交通不便，多以犬作为拉运的工具，因此也称这些赫哲人为"使犬部"。江河封冻期，一般使用狗拉雪橇作为交通工具；开江以后，用来捕鱼的船只兼作交通工具。犬、马、滑雪板、狗拉雪橇、桦皮船及快马子等，是赫哲族传统的交通工具。

桦皮船

和许多民族一样，对舟具的开发最早也是从独木舟开始的。独木舟，赫哲语称"敖拉沁"，一般由一棵整杨木凿成，长3米多，圆底尖头，只能坐一个人，行驶起来稍显笨重。后来，赫哲人开始使用桦树皮做船，以杨木为船骨，外包桦树皮，赫哲族语称"乌末日沉"。桦皮船船体长约3米、中间宽60厘米，两端尖翘。它的特点是船体轻、速度快，用单桨划行逆水每小时可行驶10多公里。如遇有陆路，也可扛在肩上行走，十分便利。

图 4-87 桦皮船

快马子

顾名思义，指船跑起来像快马，赫哲语称"乌通给"。用松木板做船体，船体长约 4 米至 5 米，中间宽 60 厘米至 70 厘米，两端尖翘，两侧各一个小桨。与桦皮船相比，该船容积较大，最多可容纳 2 人至 3 人，主要用于叉鱼和交通。

图 4-88 三页板船

图 4-89 乘"快马子"狩猎的赫哲人

三页板船

赫哲语称"滕木特克"，是用松木板做船底和船帮，一个底两个帮，俗称"三页板"。长约 7.7 米至 8.4 米，船底宽约 0.7 米，船帮高 0.5 米。这种船主要是作下鳇鱼钩、打网、运输、摆渡之用。

丝挂船

随着捕鱼技术的日益娴熟、捕鱼量的增加，原有的桦皮船和快马子船已不能满足捕鱼生产需要，赫哲人开始使用汉人传来的丝挂船。这种渔船由松木板做船体，两端呈方形，船舱容量较大，可以容纳更多网具和捕捞上来的鱼，主要用于下丝挂网等网具。而且在原有渔船的基础上，经过改装，使之成为具有不同功能的专门渔船，如瓦罩船、张网船、下挂船等。后来，赫哲人在船上安装了简易风帆，使行驶的速度更加快速。

图 4-90 赫哲人使用的原始捕鱼工具——跑风船（丝挂船）

图 4-91 划斜船

图 4-92 划斜船模型

划斜（花鞋）船

这种船也是由松木板制成，船两端有斜尖翘着。船体内部一般有五舱，一舱为鱼舱，二舱为桅舱，三舱为大舱（也称睡觉舱），四舱为火舱（做饭的地方），五舱为脚舱（划棹板人站立的地方）。中间有松木板做成的"跨子"（舱盖），有的不做，用白布做成"二篷"，可以遮挡风雨和避寒。这种船主要用于撒网和渔业运输，大船可载重近 1500 公斤。

铁制渔船

赫哲族渔民目前普遍使用铁制渔船，形制与丝挂渔船基本相似。这种渔船船舱较大，装鱼多，坚固结实，同时采用发动机作为动力，行驶更加便捷快速。

图 4-93 铁制渔船

雪橇

  赫哲语称"拖日乞"，是古代赫哲族冬季常用的交通工具，也称狗车、雪车、爬犁，是用木头做成的一种形制特别的雪地交通工具，一般套三四只狗，路途遥远也可套十几只狗，十分适合在雪地上驰行，可日行百余公里，主要用来运送食物、冬捕等。清《宁古塔山水记》曾记载：黑筋部落有狗，能驾车行冰上，名为爬犁，日行500里。随着现代交通工具的日渐增多，传统意义的狗拉雪橇已不多见，多在节庆活动、传统民俗展示中出现。

图 4-94 早期乘狗拉雪橇的那乃人

图 4-95 奔腾在茫茫雪原上的狗拉雪橇

滑雪板

图 4-96 滑雪板

  除了狗拉雪橇，在冬季里行走，赫哲人用得最多的是滑雪板，赫哲语称"冶尔勒奇科衣"。一般长约2米、宽10厘米左右、厚约1厘米。两端薄、中间厚，前头尖形翘头大，后尾稍微上翘，中间两边有钻眼。用厚兽皮做成脚套子，把穿乌拉的脚套进去即可行走。滑雪板是赫哲人冬季出行和狩猎常见的交通工具，赫哲猎人常用来追逐野兽，蹿山跳涧，疾驰如飞。在赫哲乡，至今还流传着一首赞颂滑雪板的民歌："赫尼哪唻赫尼哪，勇敢的赫哲人，生活在三江平原上，捕鱼又狩猎，不怕风和浪，穿上两块板能穿山越岭，踩着三块板可过海漂洋！"

图 4-97 乘滑雪板出行的那乃人

图 4-98 赫哲猎人乘滑雪板追击野兽

第五章 民族风俗

　　一方水土养一方人。有史以来，传统的生产方式和山水相依的地理环境，塑造了赫哲族浓郁的民族风情和独特的民风民俗。婚丧嫁娶、渔猎丰收、祭祀节庆，都被赋予了不同的典仪，有着各自的表达方式，这些无不透露着赫哲族对天地自然的敬畏和对民族信仰的秉持。

一 / 婚俗

1.赫哲婚俗

　　赫哲人实行氏族外婚，婚龄男十七八岁，女十五六岁。古时有比武招亲等形式，近代以来主要形式为聘娶，如媒人介绍、换亲、指腹为婚等。一般要经过提亲、过小礼、过大礼、娶亲、婚礼、婚宴、回门等程序。其中，娶亲和婚礼最为隆重。

　　在迎娶新娘时，若在夏季走旱路，要使用车马，新郎要身穿窄袖长袍，肩上斜披红布，骑马走在最前面，后面是新娘的彩车，并由一位儿女双全的老年妇女押车。若是走水路，新娘则要乘坐彩船。彩船，即在平时捕鱼的船上搭上彩棚，棚前有门帘，上挂一朵大花，以示喜庆。彩船一般在春、夏、秋三季使用，也称"彩船迎亲"。这一天，新娘要穿好婚服、戴好头花、穿上花鞋、戴上蒙头布，由哥哥抱上彩船。

　　如若在冬季结婚，一般要用搭有彩棚的狗拉雪橇迎亲，也称"彩橇迎亲"，故有"夏天彩船送新娘，冬日彩橇迎新人"之说。

图 5-1　新娘坐彩船

图 5-2　彩船送新娘

图 5-3　迎新娘

图5-4 族长向新娘训话

图5-5 彩橇迎新人

男方迎亲，而作为女方的娘家人则要送亲。当送亲的人将新娘扶上彩船或彩橇后，离开娘家的新娘自然会哭泣。如若不哭，会被人耻笑。

当送亲的人到达时，男方家的老人和亲友要出门迎候，向女方送亲的人敬酒三杯。男方接回新娘后，即可举行婚礼。如果女方家远，到男方家已经很晚，可在第二天再举行婚礼。

举行婚礼一般是在太阳刚要升起的早晨，新郎新娘要先拜天地、后拜祖宗，随后由村中有威望的族长或老人手执1米至1.33米长、中间扎着3条红布的3根芦苇（象征祖宗三代的权杖）向新娘训话。拜完祖宗后，还要拜灶王。接下来，要请送亲的人和亲朋好友喝喜酒。酒过三杯，村里的歌手唱《祝福歌》："天上的日月，为你们祝福……树林里的百鸟，为你们歌唱……祝你们的生活幸福美满。"宴罢，新娘要给长辈人装烟、倒水，一一拜认。新郎要吃猪头肉，新娘吃猪尾巴，意为男的带领、女的跟随。当晚，新郎新娘吃面条，表示夫妇长寿。

图5-6 迎亲船队

图5-7 迎娶新娘

图5-8 新郎新娘踏红毯

图5-9 新郎新娘献礼拜见父母长辈

21世纪赫哲族彩船迎亲婚俗

2. 那乃婚俗

近代，那乃族仍保持着原始的婚姻习俗。据清代曹廷杰《西伯利东偏纪要》记载，聘娶时，男方要带酒壶到女方家喝酒，而后商量婚嫁的聘礼。待女方父母同意后，留男方住一宿，再约定送亲时间，男方不接亲。送亲时，女方由娘家人送到男方家后，要向客人翁姑兄嫂敬酒，客人则以布匹作为贺礼。从赫哲族和那乃族的婚俗来看，两者还是有区别的，从中可以看出因在不同地域生活而受其他民族影响的烙印。图5-10为早期穿着婚服的那乃族妇女。

早期，那乃女人在出嫁时，要常穿这样的婚服（如图5-11所示）。据那乃人说，婚服上龙鳞一样的装饰代表40桶水，妇女出嫁后穿着婚服会变成龙；同时，也寓意着出嫁妇女要在40周后才能生育，因为在早期，赫哲族妇女多为早婚，结婚40周后生育，一定程度上可以保障妇女的生殖健康。衣服下摆是生命树，象征着生育繁殖与生命力。因此，婚服也称"树服"，有"树服一件托生死"之说。

图5-10

婚后，那乃族妇女会将婚服珍藏起来，直至年老后传给家族中的女孩。这套婚服（图5-12）就是俄罗斯一位那乃族老人的母亲在1930年结婚时曾经穿戴过，后留给了这位老人。婚服纹饰精美，做工复杂而细致，婚服上部绣有中国传统龙的形象，下摆绣有赫哲族特有的生命树符号。

图5-11

图5-12

二 / 丧葬

1. 树葬

　　赫哲族的丧葬习俗早年实行树葬，"猎人遇难放树杈，小孩死后挂树上"是赫哲人对树葬的描述。早年，赫哲人上山打猎死在山中，要将一段树木的一面挖成槽形，将尸体放置于槽形木中，上覆槽形木段为盖，挂在树上。待尸体腐化后，死者家属进山捡骨，背回家中重新安葬。赫哲人认为，婴儿死后灵魂埋在地下飞不出来，影响生育；因此，小孩死后，一般用桦树皮包裹尸体，放在树杈上。

2. 土葬

　　如果说树葬是一种原始的丧葬形式，那么近代以来实行的土葬则集中体现了赫哲族的丧葬习俗。土葬一般要经过停床、吊唁、入殓、出殡、下葬、戴孝、出魂、送魂等程序和仪式。人死后，一般要停放3天。出殡时，如果死者是本家人，从门抬出去，外姓人则从窗户抬出去。到达墓地后，把尸体仰放在墓穴里，将死者生前的物品放入墓中作陪葬。下葬时，由儿子埋第一锹土。晚辈要给长辈死者戴孝，妻子给死去的丈夫戴孝。图5-13为赫哲族民俗画家尤永贵画的木刻楞葬，即在墓穴周围用原木搭建成一道墓墙。

图 5-13

　　死者下葬后，还要出魂和送魂。每天仍要按照死者生前的习惯叠放被褥、摆放酒菜，以示灵魂还在，也叫"设档子"。出魂就是把死者的灵魂送到屋外。男人死后第七天，女人死后第九天，用一只布口袋装满干草放在炕上，口袋前的桌子上摆满酒食，亲友要向死者的灵魂敬酒告别。

　　送魂，俗称"撂档子"，一般死者百日后举办。做一个人形木偶代死者放入棚中。送魂萨满要跳三天神。第三天晚上，将人形木偶放在雪橇上，萨满边敲鼓边唱，并示意拿着木刻鹰神偶的小伙往西走。走到高处，萨满拿起弓箭向西方连射3支箭，箭头拴着的火炭发出光亮，指引死者灵魂西去的方向。而后，全家人要把死者的物品烧掉，脱去孝服。图5-14为出魂和送魂仪式（尤永贵画）。

图 5-14

三 / 节庆习俗

节日也是反映赫哲族民风民俗的重要方面。在长期的生活实践中，赫哲族创造并赋予了各种节日以不同的文化内涵，通过这些赫哲族的节日，我们可以从中体味到一个民族的特有习俗。

1. 鹿神节

早年，赫哲人每逢三月三"跳鹿神"，也叫"温吉衣尼"；九月九过"鹿神节"。"鹿神节"是为了祭祀鹿神，"跳鹿神"是为了驱魔辟邪，保佑全村太太平平，庆祝出猎如意，祈盼部族人丁兴旺，是原始动物崇拜的一种形式。这一天，村里的萨满穿上神服、敲起神鼓，全村的男女老少都跟着咚咚的鼓点，载歌载舞，跳起欢快的鹿神舞，直至挨家挨户跳完为止。往往在本村跳过之后，还要去外村跳，同享美好祝福与祈愿（图5-15、图5-16）。

图 5-15

图 5-16

图 5-17 第十一届乌日贡大会开幕式

2. 乌日贡节

赫哲语的"乌日贡"，意为欢庆、喜庆。乌日贡节是赫哲族最为盛大的民族节日，也是赫哲族传统文化的一次集中展示。从1985年开始，每年农历五月十五，由赫哲族聚居区轮流举办。初期为每三年一届，1997年开始改为每四年一届，至今已经举办了10届。节日活动主要有祭祀和竞赛两大项。祭祀，即祭圣水、燃圣香、跳"温吉尼"。竞赛有民间文艺、传统体育、民族服饰、民族语言、传统工艺美术、特色美食等竞赛和评比，还有盛大的篝火晚会。与赫哲族同根同源的俄罗斯那乃族也派代表参加活动，溯渊源、话亲情。节日里，赫哲族群众穿上节日盛装，品尝民族美食，竞技各种传统体育和游戏，载歌载舞，尽情享受节日的欢乐。

图 5-18 开幕式游行队伍

图 5-19　赫哲族聚居区各代表队及俄罗斯那乃族代表队跳着"温吉尼"和原始古朴的舞蹈

图 5-20　节会期间，赫哲人在叉鱼、叉草球、摔跤、顶杠等传统体育项目上进行激烈角逐

图5-21　图为连续夺得3届"莫日根"称号的八岔村村民尤明国（在各项体育比赛中，选手能够获得3项冠军，被称为"莫日根"，"莫日根"意为赫哲族的英雄）

　　赫哲族群众除了每四年要举行一届大型的乌日贡节外，每年各聚居区也会举办本地的乌日贡节。这一天，人们载歌载舞，开展体育竞技和文艺演出，并进行传统美食和民族工艺展示，热闹非凡。下图为同江街津口赫哲族乡举办的乌日贡节。

图5-22　祭祀

图5-23　赫哲人跳起欢快的"温吉尼"

图5-24　赫哲人用歌声和舞蹈欢庆乌日贡节并举行体育竞技和游戏

3. 大马哈洄游节

除了祭祀类和欢庆类节日外，还有一些与生产息息相关的节庆活动，如大马哈洄游节、冬捕节。捕大马哈鱼（也称鲑鱼）是赫哲族渔民的传统生产活动，有着深厚的文化内涵和丰富的节日文化元素。传说唐朝皇帝东征来到乌苏里江，身陷重围又无粮草，便写信给东海龙王求救。于是，东海龙王派虾兵蟹将从海里赶来一大群大马哈鱼到乌苏里江供将士食用，将士们吃饱后，对围堵的部落进行反攻，转败为胜。从那以后，每至中秋，乌苏里江中的大马哈鱼就会多起来，人们便说，这是唐皇借来的。因此，大马哈鱼是"生在河里，长在海里，死在江里"。

每年9月，大马哈鱼从大海洄游到黑龙江、乌苏里江，同时也是捕获的季节。为祈求丰收，2015年9月12日，同江市八岔赫哲族乡举办了首届大马哈洄游节。主要形式是祭江、歌舞、游戏和登滩，以此来感激大自然的馈赠，祈望捕鱼丰收，表达进入大马哈鱼渔期的喜悦。

图 5-25　萨满祭祀江神

图 5-26　节会上，赫哲人进行传统体育比赛

图 5-27　赫哲人跳起欢快的萨满舞

图 5-28　仪式结束后，渔船出航开始捕鱼

4.冬捕节

　　冬捕是赫哲族一项传统的冬季渔业生产活动。相传很久以前，每到大江冰封，便捕不到鱼了。捕鱼能手苏布格去寻找鱼群。一天，他抓到一条金翅罗锅鱼，问："天冷了，你们都躲到哪里去了？"罗锅鱼说："每年霜降后，黑龙都要去东海龙王那儿去拜寿，命我们去守宫，直到来年开江。"苏布格便找到黑龙，战胜了黑龙和手下的白熊，使鱼又重新回到江里，从此，不管冰冻几尺，都能捕到鲜鱼了。

　　在冰封的江面上，赫哲人采用钩钓、丝挂、大网拉等多种冬捕方法进行捕鱼。其中，大网拉鱼最为壮观，渔民用冰镩钻开厚厚的冰层，塞进百米长的大网，然后用人力和畜力将渔网拉出。随着渔网被拉起，深藏江中的鲜鱼腾跃而出，一网常常能拉上来千斤鱼。为传承这一古老传统的渔猎方式、展示赫哲冰雪渔猎文化，2017年1月，同江市八岔赫哲族乡举办了首届冬捕节。人们在这一天不仅可以体验冬捕这一古老传统，还能品尝江水炖江鱼特色美食。冬日寒风里，看鱼儿跃出冰面，喝上一碗鲜鱼汤，是赫哲人最快意的时刻。

图5-29　冬捕节开幕现场

图 5-30　祭祀过后，渔民用冰镩钻开冰层，塞进百米长的大网

图 5-31　冬捕收获满满

图 5-32　江水炖江鱼

图 5-33　宾客们品尝鲜鱼

图5-34 节会现场

图5-35 点圣香习俗

图5-36 赫哲人跳起欢快的"温吉尼"庆祝节日

5.渔猎文化节

为弘扬赫哲民族文化、保护非物质文化遗产、打造民族特色旅游品牌，从2016年开始，八岔赫哲族乡举办中国八岔赫哲族渔猎文化节，此后每年举办一届。节会除进行传统的点圣香仪式、"温吉尼"表演和篝火晚会，还进行赫哲族传统体育竞技、饮食技艺和伊玛堪表演，也是一次赫哲族文化的集中展示，每年都吸引了数千游客前来参与活动。

6.河灯节

　　每年的农历七月十五是赫哲族民间传统节日——河灯节。每到这一天，赫哲人都要放河灯、祭河神，用这种方式来祭祀亲人，祈愿族人平安、捕鱼丰收。夜幕下，人们来到江边，将用红纸、蜡烛、木板等做成的河灯放入江中，同时举行祭祀河神、篝火晚会等活动。江中，河灯红光闪耀，思念如江水一般静静流淌；岸上，赫哲人围着篝火跳起欢快的温吉尼和篝火舞。到处洋溢着节日的气氛，飘在远方的宁静与舞在近处的欢腾构成了一幅独特的画卷。从2011年开始，饶河县四排赫哲族乡每年都要举办河灯节。

图5-37　渔船载满河灯驶向江中准备放流

图5-38　祭祀河神习俗

图5-39　赫哲人跳起欢快的篝火舞

图5-40　明月升起，河灯随江水漂流到远方

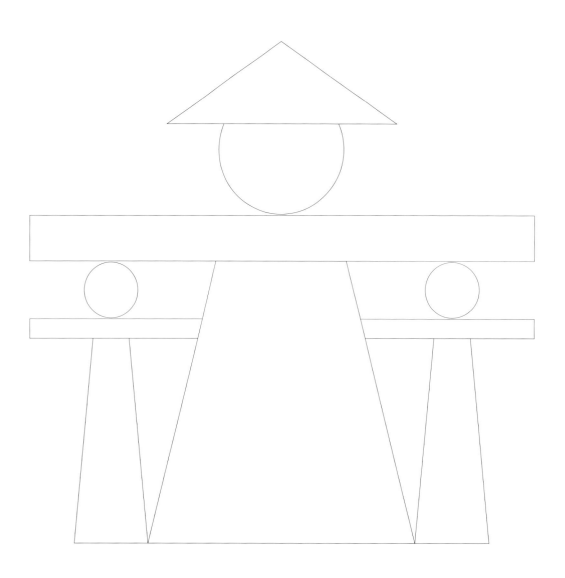

第六章

宗教信仰

　　赫哲族在民族繁衍发展进步、文化接续传承的历史进程中，形成了具有浓郁黑土文化特色和地域特征的自然观、社会观、信仰观与宗教观。赫哲人崇尚万物有灵和灵魂不灭，并以信仰崇拜及神秘的祭祀方式体现出来，形成了独具特色的宗教信仰和文化。

一 / 自然崇拜

赫哲人对大自然万物具有与生俱来的神秘感和敬仰之情，认为自然界的万物都有神灵，如山神、水神、树神、火神、熊神、鹿神等，并逐渐形成了以天神崇拜为核心、以自然界中其他神崇拜为基础的崇拜体系。

图6-2 赫哲人在打猎前，要在神树根部刻画一幅人面形图画，摆上贡品、烧香磕头，求山神保佑安全顺利、多打猎物

图6-1 天神偶

图6-3 萨满在天神偶前跳神祭祀

1. 祭天神

天神是赫哲族最崇拜的神，赫哲语称"恩都力"。因天神常附在神树上，神树被认为是能"贯通上、中、下三界的宇宙树，天神往来于三界的通路"，后来演化为祭树神。因此，在赫哲族的住房旁以至每个氏族内，都会栽种一棵祭天的神树。祭拜的方式是：早期赫哲人在野外狩猎时，往往在一树根部刻画一幅人面形图画，向其敬奉食物，烧香磕头；后来，人们把枝干粗大、形状怪异的树当作神树或刻成天神偶供奉于庙中及家中。凡遇大小事情，都要到神树下祈祷，祈求树神为自己消除灾祸，保佑人丁兴旺、渔猎丰收。

图6-4 后期，赫哲人将天神制作成神偶供奉于庙里或家庭中。赫哲人每当遇到需要天神帮助解决的事情，常常举行祭拜仪式许愿还愿

图6-5 鉴于神树的特殊地位，其往往被赋予了更多的神秘色彩。图为由神树演化成的赫哲妇女婚服的生命树，象征着生育繁殖与生命力

2. 日月崇拜

同中国古代先民一样，赫哲族普遍崇拜日月，日月的形象也常常出现在各种祭祀物品或饰物上。如在生命树的图案中，太阳往往位于生命树的中间，说明太阳神在整个神灵体系中的位置。此外，赫哲族还经常将雕刻了动物或星体图案的圆盘作为护身符，挂在房门外面、房间中央搁架上或摇篮上，这种圆盘有两个同心圆，表示的就是太阳。

图6-6 赫哲族早期的太阳神石刻

图6-7 那乃族的生命树图案

3.祭吉星神

除了天神和日月崇拜，浩瀚无际的星空同样给了赫哲人无限的遐想，吉星神就是星宿崇拜的代表，是地位仅次于天神的一位保护神，赫哲语称之为"乌什卡"。若有人患病，族人就要祭拜它，期望吉星"显神"保佑家人早日康复。当病人痊愈后，族人们要在夜深人静、星星布满夜空的时候，于神庙前焚香祷告。祭毕，宰杀猪羊，宾客食掉。

图6-8 吉星神

4.祭水神

天上的日月星辰给予了赫哲人无限的遐想，并心生崇拜。同样，赫哲人赖以生存的江湖山水、一草一木等也被他们赋予了神秘色彩。祭水神（图6-9、图6-10），也称祭江神，就是对江河的崇拜。每逢春季捕鱼季节到来前，赫哲族渔民便聚集到江边，燃起"圣乞勒"香草，摆上供品，朝江神跪拜祈祷。赫哲人认为，江河中鱼类都归水神统一调遣，要想多捕鱼，就必须取悦它。因此，赫哲人通过祈求江神，以此保佑下江捕鱼平安顺利、渔业丰收。

图6-9 祭水神

5.祭火神

赫哲人称火神为"佛架玛发"，凡是用火，都要向火神磕头，不能随便"打"火或用锐器捅火，不能跨越火堆，碰到灰堆要绕着走。祭拜时，人们围着篝火跳舞、唱歌，往篝火里扔食物和酒，祈求驱灾祛病、人畜两旺（图6-11、图6-12）。

图6-10 祭水神

图6-11 祭火神

图6-12 祭火神

6. 石崇拜

在赫哲人的意识里，认为巨石是由英雄变的。某些氏族认为，自己的祖先是从巨石的孔洞里生出来的。赫哲人常祭拜"德勒乞玛发"（石头人），祈求保佑和捕鱼丰收。此外，赫哲人还把石刻神像供在木板做的小庙里，庙前立有鸠神杆，用于萨满给人治病时求助石头神捕捉鬼怪时用。

图6-13　新石器时代的俄罗斯那乃族石刻神偶

图6-14　位于俄罗斯阿穆尔河（黑龙江）河畔距今6000年前的那乃族石刻图腾

图6-15　男神像

7. 祭山峡神

如果说石刻、石图腾是初级的石崇拜，那么，山峡神则是石崇拜抽象了的升级版。赫哲族萨满供奉山峡神为一个男神像和一个女神像。男神像的头顶上有九个小神，意为山峰（图6-15）。两个神像供在屋外西山墙上。萨满跳神时，通常请山峡神助战，帮助萨满战胜恶魔。

二 / 动物（图腾）崇拜

在生产力不发达的古代，一些赫哲人认为，某种动物与某个部族或氏族存在超自然的亲缘关系，或者是某种动物的后代。如在《七兄弟和七姓氏的由来》的传说中，认为毕姓和何姓与鹿崇拜有关，舒姓和孙姓与独角龙崇拜有关，傅姓与虎崇拜有关，尤姓与熊崇拜有关。

在这种超自然力量的作用下，逐渐形成了对某种动物的崇拜心理。

1. 祭熊神

在赫哲族传说中，赫哲人是熊的后代，称熊为"玛发"（老人的意思），因此，熊在赫哲人动物崇拜中占有重要位置。20世纪初，赫哲人每年冬天举行祭熊神。其仪式是牵着熊挨家挨户地走，青年男子进行跳熊脖竞技。而后在杀熊场先用长柄勺把熊喂饱，让熊在河的冰窟窿周围走一圈，随后举行迈门槛仪式。同时要射两支箭，第一支射到熊上方的树上，象征扫清熊回熊国的道路；第二支箭将熊射死，而后再分食熊肉。仪式结束后，要将熊骨放在树上进行风葬，以使熊将来能死而复生，并祈求熊神保佑族人行猎顺利。

图 6-16　那乃族的熊节

图 6-17　那乃族的祭祀表演

2. 虎崇拜

老虎同样在赫哲族动物崇拜中占有重要位置。赫哲人尊称老虎为山神，每次上山狩猎，都要祭拜山神。在狩猎时，不能猎杀老虎或食其肉，也不许直接称呼老虎的名字，更不能踩老虎走过的足迹，即便遇到也只能绕着走。只有当老虎危及自身性命时，才可以杀死老虎，然后要马上跪地祷告赎罪，并及时将其尸体就地掩埋。

图 6-18　虎神偶

3. 跳鹿神

鹿是赫哲人经常捕猎的对象，衣食等都离不开鹿，因此对鹿神十分崇拜。每年春秋两季都要在供奉有鹿神的吉星庙举行盛大的跳鹿神活动（也称"温吉衣尼"）。跳鹿神时，萨满先在家中请神。请到神之后，便敲着神鼓，在路上边走边跳边唱，后面跟着跳的或看热闹的，都随声附和。由萨满和群众组成的神队不仅在路上跳、挨家挨户跳，还到附近的村屯跳。一时间，场面肃穆隆重，气氛欢腾热烈。

图 6-19　赫哲族跳鹿神绘图

图 6-20　由跳鹿神演化而来的萨满舞

此外，赫哲人还把鱼、鹰、豹、野猪等动物神化，作为祭祀的对象。同时，动物崇拜在赫哲族的图案和造型艺术上表现得淋漓尽致，如在萨满神裙、手套、神鼓等神器上，就绣刻有龟、蛇等动物形象，虽然是抽象式的表达，但从中可以看到赫哲人赋予其的神秘色彩。

图6-21　俄罗斯那乃族原始麋鹿石刻

图6-22　猪神偶

图6-23　马神偶

图6-24　装饰有乌龟和蛇图案的萨满神裙

4. 图腾崇拜

在赫哲人朴素的崇拜中，常常将崇拜对象人格化，相信它们有一种超自然力，会保护自己和部族。江河、山岭、日月及鹰、鱼、鹿、熊等自然万物都会成为图腾加以供奉祭祀，成为他们生活中不可分割的一部分。图腾崇拜反映了远古赫哲人与大自然之间的密切关系，是赫哲人自然和动物崇拜的最高形式。

赫哲族图腾系列

图 6-25　火图腾

图 6-27　熊图腾

图 6-26　树图腾

图 6-28　鱼图腾

图 6-29　太阳神

图 6-30　月神

图 6-31　风神

图 6-32 人参神　　　　　图 6-33 鳇鱼神　　　　　图 6-34 蛙神

图 6-35 乌神　　　　　图 6-36 鹰神　　　　　图 6-37 鱼神

图 6-38 饶河四排赫哲族风情园的图腾柱

三 / 祖先崇拜

祖先崇拜是指赫哲族对氏族祖先和家族祖先的崇拜。赫哲人认为祖先神是氏族或家族的保护神，能够保佑族人吉祥平安，带来幸福和顺利。主要有两种方式：

1. 烧包袱

"烧包袱"是赫哲人祭祀祖先的习俗，每年除夕都要举行。所谓包袱，即是用金箔、银箔叠成元宝形的锞子，放在院里的灰堆上，加些柴草，再洒些米汤，与"黄纸钱"一并烧掉，表示给死者既送钱又送饭，让祖先的灵魂安享。

图 6-39　尤永贵画的烧包袱图

2. 祭祖先神

烧包袱是对远古部族先世的缅怀，而祭祖先神主要是家庭或家族内举行的对家族祖先的祭祀活动。老祖宗的木制神偶多供奉在西炕搁板上。神偶为两个，身裹熊皮，平头为男性，尖头为女性（图6-40、图6-41）。每当节日或打鱼狩猎之前，要将祖先神供奉在西炕上，焚香献酒，家中男子按辈分大小依次跪地磕头，请萨满祷告神灵，保佑家族平安幸福。

图 6-40　祭祖先神

图 6-41　祭祖先神

四 萨满文化

　　萨满教文化是一种以氏族为核心的原始宗教，它以万物有灵和灵魂不灭为思想基础。它起源于东北亚地区的渔猎民族中，它的产生主要是源于对自然的崇拜。"萨满"系通古斯语，意为"激奋者"或"癫狂者"，萨满教因此而得名。早年，赫哲人普遍信仰萨满教，认为萨满能通达神灵，是人神之间的使者，能借助神力驱除病魔，求得渔猎丰收与部族的太平和兴旺。萨满教是赫哲族早期精神文化的核心，其所代表的萨满文化是原始自然宗教主宰与支配下的原始人类文化的遗存与文化的结晶，渗透在赫哲族生产、生活、道德、观念之中，对赫哲族原始的哲学、历史、语言、生活习俗、文学艺术等各个方面，均产生了重大而深远的影响。

　　如今，萨满及萨满教已不再承载其最初的功能和作用了，更多是一种象征意义。

图 6-42　那乃早期萨满　　　　　图 6-43　赫哲早期萨满

图 6-44　身着萨满服的赫哲人　　图 6-45　身着萨满服的赫哲人

1. 萨满派别品级

同许多宗教一样，萨满教也有派别之分，而这主要从萨满的神帽鹿角加以区分，主要分为河神派、独角龙派、江神派。河神派萨满头上戴的神帽鹿角各一支，独角龙派的鹿角左右各两支，江神派的鹿角左右各三支。萨满的品级视神帽鹿角权数而定，权数越多，品级越高，意味着本领越强。一般有三权、五权、七权、九权、十二权和十五权六个等级。

图6-46 初级神帽

图6-47 河神派四权神帽

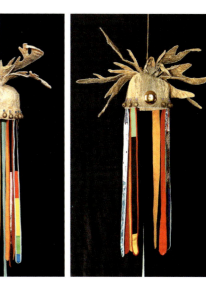

图6-48 独角龙派四权神帽　图6-49 江神派三权神帽

2. 萨满服饰

萨满服饰是其在祭祀等活动中所穿的各种衣物、配饰等的统称，主要由神帽、神衣、神裙、神腰带、神鞋及神手套等组成。由于萨满祭祀本身的严肃性，也赋予了萨满服饰以神秘色彩。清代学者方式济曾这样描述萨满的服饰："降神之巫曰萨麻。帽如兜鍪，缘檐垂五色缯，条长蔽面，缯外悬二小镜，如两目状。著绛布裙。鼓声阗然，应节而舞。"从中可以看出其服饰的特点。

图 6-50　俄罗斯那乃族萨满整套服饰　　图 6-51　赫哲萨满整套鱼皮服饰

图 6-52　神帽　赫哲语称"胡也刻"，是由帽头、帽角和角带构成。初级萨满神帽相对简单，高级萨满饰物比较复杂，由鹿角杈、飘带及铃铛组成。其饰物越多，象征着萨满的品级和法力越高

图6-53 神衣 赫哲语称"希克",是萨满主持祭祀等活动的重要服饰之一,多为兽皮加工制成,酷似对襟马褂,衣服中心挂有铜镜,上面缝制带有神秘色彩的龟、蛇、蛙等动物图形

图6-54 神鞋 由狍皮或牛皮制成,一般在鞋面上缝制有龟等动物形象,有的在鞋面上系有铃铛,为萨满在祭祀时所穿

图6-55 神手套 萨满在祭祀时穿戴,由兽皮做成,通常每面绘有四足蛇两条、龟一只

图6-56　神裙　多由兽皮、鱼皮或布加工而成，饰物很多，多少依萨满品级而定。通常缝制有龙、虎、蛇等各种动物图案，并配有若干小铜镜。这些动物是萨满的辅助神，跳神时能够帮助萨满穿山过海、与魔怪斗法。当萨满舞动起来，各色裙带摇动飞转，十分好看，富有神秘色彩

图6-57　腰铃（神腰带）　为皮质的腰带拴着铁制铃铛，一般两个或三个为一组穿在铁环上。萨满扭动起来，铃铛相互撞击作响，配以神鼓声，充满了神秘感，在萨满祭祀中起到营造神秘氛围的作用

3. 萨满神器

　　萨满服饰是代表萨满身份和进行祭祀等活动和仪式的特定装束，代表了一种仪式感和对神灵的敬畏。但这些服饰所能表达的在萨满通达神灵上并不具有太多作用，能够起到这样作用的则要依靠一些特定工具，这就是萨满所使用的神器，利用这些神器可以请神通神、进行祭祀。这些神器主要包括神鼓、神刀、神杖、神杆等。

神槌

神鼓

图6-58　神鼓神槌　神鼓是萨满主持祭祀所用的重要响器，是萨满"上天入地"的重要工具，位于众多神器之首。常常是随着神鼓一响，无论是萨满，还是旁观者，均能迅速"入境"，继而开始各项祭祀活动
神鼓多为圆形和蛋圆形，多以狍皮为鼓面，鼓面多绘有龟、蛇等动物。神槌则用来敲击神鼓，多用兽皮包裹桦木而制成，使敲击变得柔和。槌背常雕绘有布克春神及龟蛇等图案

图6-59　神杖　赫哲语称"布拉丰"，多为萨满在与魔鬼斗法、祈雨、祭祀祈祷时使用。多为木制，外覆蛇皮，杖头安有布克春铜人神偶。神偶口中有活动的铜钱，当神杖舞动时，会发出有节奏的声音。神偶虽小，却能起到关键作用。斗法时，神偶向上，则意味着能破坏一切；求雨时，神偶放入河里，就能求得甘霖；祭祀时，能消除灾疾、驱魔镇邪

图 6-60 神刀 如果说神鼓充当着萨满与神灵沟通的媒介，那么真正起到斗法降魔作用的则是神刀、神杖这样的法器。神刀，赫哲语称"西拉嘎丰"，是萨满主持神事活动时使用的锐器，多在武萨满与魔鬼斗法时使用，其神力能够穿透病体，使病人痊愈

图 6-61 萨满执刀

图 6-62 铜镜 赫哲语称"托力"，是萨满主持"神事"活动必配的饰物之一，多缝（挂）在神衣、神帽或神裙上。佩戴的铜镜越多，其法力越大。其作用是当萨满和鬼怪斗法时，可以依靠自身的神力保护主人

图 6-63 神杆 赫哲语称"托落"，是立在萨满住屋西头的三四根木杆的统称。一般中间那根最长，两边的木杆稍短。每根神杆上面都刻有各种神偶，或绘有龟蛇等图案，上面立有鸠神，是萨满的引路神。其功能同样是可以起到保护神的作用。当跳鹿神时，一般从神杆处出发，再回到神杆

4.萨满神偶

    除了神刀、神杖等神器帮助萨满通神驱魔之外，还有一些赫哲人信奉的神
灵被做成各种神偶，在举行法事或祭祀时成为萨满必备的神物，不仅可以助萨
满神力广大无边，同时也是赫哲族寻求精神寄托、祈福达愿的祭祀对象。一般
可分：通神类，起到萨满助手或保护神的作用；治病类，是萨满在为病人跳神
治病时用的神偶；生产类，是供奉的与渔猎生产相关的神偶；祭祀类，赫哲人
常将自己信奉的各类神灵人格化，如天神偶、火神偶等。

图 6-64　神偶

图 6-65　爱米神　是通神类的主要神偶，多为铜制，
是萨满的得力助手，其作用无所不能，既可帮助萨满
请神治病，也可以治恶抵邪，充当萨满的保护神

图 6-66　那乃族山神偶　其形象与
真人相似，高举木剑，挖空的腹部寓
意能吞掉妖魔鬼怪，裸露在外硕大的
心脏代表强悍的法力

图 6-67　那乃族诸神偶系列

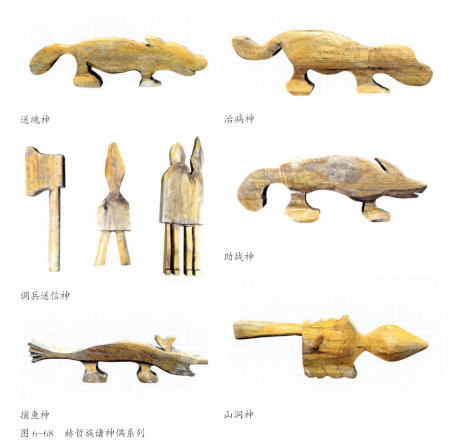

送魂神　　　　　　　　治病神

调兵送信神　　　　　　助战神

捕鱼神　　　　　　　　山洞神

图 6-68　赫哲族诸神偶系列

5. 萨满职能

　　萨满在氏族中被视为智者、万能者，因此在氏族生活中其功能和影响无所不在，主要有六个方面：一是为患者跳神治病；二是春秋两季跳鹿神，为全屯的男女老幼消灾免祸；三是为无子女的人跳神求子；四是主持全村的祭神仪式；五是为死者送魂；六是用骨卜等为人判断吉凶福祸，寻找丢失的物品等。被神化了的萨满通天地神鬼、察人间万事、晓世物之礼，无所不能，成为赫哲人生产生活中不可或缺的重要存在。随着文明和科技的发展，萨满"通天入地、沟通神灵、治病祛邪"的职能已退出了历史舞台。

图 6-69　赫哲人认为，人若患病，主要是冒犯神灵所致。萨满治病主要是通过请神诊病、跳神治病，采取驱鬼抓魂、斗法等形式使被摄走的灵魂附体，以使病人康复。如果病人不好，萨满就以自己功力不行，告知病人另请高明。图为赫哲族民俗画家尤永贵画的萨满治病图

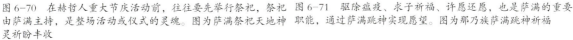

图 6-70　在赫哲人重大节庆活动前，往往要先举行祭祀，祭祀由萨满主持，是整场活动或仪式的灵魂。图为萨满祭祀天地神灵祈盼丰收

图 6-71　驱除瘟疫、求子祈福、许愿还愿，也是萨满的重要职能，通过萨满跳神实现愿望。图为那乃族萨满跳神祈福

五／占卜

早年，赫哲人因缺乏科学文化知识和抵御自然灾害的能力，因此，遇事常寄希望于占卜来预判和解决问题。占卜内容涉及婚姻、丧葬、纠纷、疾病、寻物、吉凶、捕鱼猎兽能否丰收以及亲人何时归来等渔猎生产和日常生活的方方面面，将个人时运和生活日常寄托在种种自设的"游戏"之中。如今，这些占卜已被赫哲人弃之不用，淹没在现代文明中。

1. 骨卜

用鹿、狍等野兽肩胛骨作为卜具。占卜时，占卜者两手拿肩胛骨，宽的一头向下。占卜者先做祷告，然后提一些问题。问完在肩胛骨上吐几口唾沫，随后再放到火上烧烤。当烧到火候时，肩胛骨就会出现明显裂纹，占卜者根据裂纹走向来判断吉凶、寻找答案。

图 6-72　出土于金代用于占卜的动物肩胛骨

图 6-73　赫哲老人利用骨卜占卜吉凶

图 6-74　祈求天神以骨卜为新人择吉日

2. 筷卜

准备三根筷子和一碗水，当提出自己关心的问题后，将三根筷子立于碗中。如果筷子立了起来，就是吉兆；立不起来便是不祥之兆。

3. 蛋卜

用一个鸡蛋和一块光滑的木板，当提出问题时，把鸡蛋小头朝下，如果立起来，表示说中了。

图 6-75　蛋卜和筷卜

4. 槌卜

用一根绳子吊一个小槌子，占卜者用手扯住绳头使槌下垂，不使它摆动。当提出问题时，看槌子是否摆动。如果摆动了，表明说中了；如果不动，就要继续追问，直到摆动为止。

5. 碗卜

用一只碗装一些小米，再用一块红布将碗包起来。占卜者拿到手中摇三圈，然后打开布，根据小米在碗里的凸凹面和走势，以此确定吉凶。

图 6-76　槌卜和碗卜

6. 草卜

准备一定数量的草棍，当占卜者提出问题后，通过猜草棍的数量来确定吉凶。通常奇数为吉，尤以三、九、十五为上吉，偶数则为凶。

图 6-77　根据传统的巴其兰骨卜改编的舞蹈《巴其兰》骨卜舞

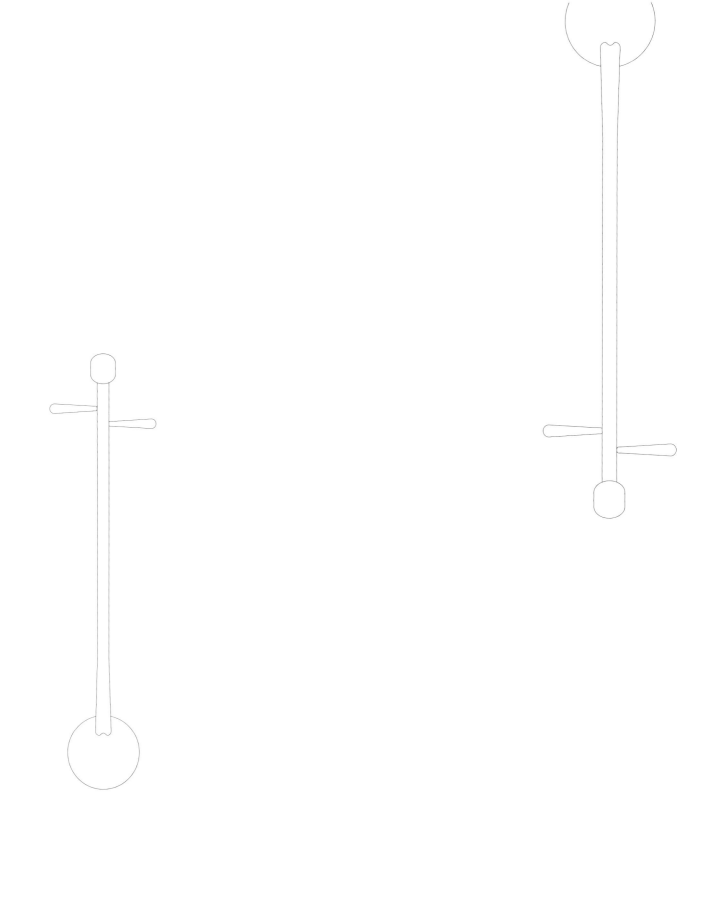

第七章

民族文化

　　长期的渔猎生活中，赫哲人不仅总结出了一系列与大自然和谐相处、获得基本生计的生产生活经验，也创造出了灿烂的民族文化。在劳动之余，人们用树枝勾勒作画来沟通交流，用说唱了千百年的故事来传续历史，用模仿自然万物和渔猎生产的音乐和舞蹈来缓解疲劳、愉悦性情……这些具有民族特色的文化在今天仍然熠熠生辉。

一 / 语言

　　赫哲语属于阿尔泰语系满—通古斯语族满语支，属黏着语。它的产生是赫哲族渔猎生产、社会生活、宗教思想和原始文化交互作用的产物，同时在与其他民族的长期交往中，又吸收了满语、汉语、蒙古语、俄罗斯语的"借词"交汇而成。近年来，随着赫哲语使用范围越来越小，能说赫哲语的人越来越少，赫哲语已成濒危语言。

图7-1　赫哲族儿童学习民族传统文化

图7-2　用赫哲语说唱的民间艺术伊玛堪

二 图形文字

    赫哲族有本民族语言，没有文字，早年用削木、裂革、插草以记事。近年来，随着研究的深入，一些学者认为，赫哲人早期交流时使用的原始图形和符号，具有文字的功能，表达了一定的含义。黑龙江省社会科学院研究员黄任远先生在长期的研究中收集了赫哲人常用的图画文字，经过归纳，这些图形可分为自然类、社会类、动植物类、衣食住行类、渔猎工具类、行为动作类、萨满信仰类。他认为，这些图形间接地起到了文字的作用。

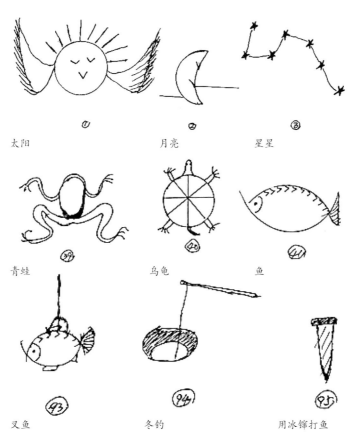

图 7-3　赫哲人常用的图形

三　说唱艺术

由于赫哲族没有文字，其古老传说和民间文学都是口耳相授、代代相传，伊玛堪、特仑固、说胡力……这些传递着悠远古老信息的叙事方式，有的娓娓道来，有的说唱结合，生动而极富表演力，形成了具有浓郁赫哲族特色的说唱艺术。

1. 伊玛堪

伊玛堪是赫哲族千百年在生产生活中独创的一种口耳相授、世代传承的古老口头文学样式。它全面、鲜活地记录了这一中国北方渔猎民族的起源、生存环境、生产生活、民族风情、宗教信仰和历史发展，集中反映了该民族特有的生存方式、思维方式、生活智慧、文化意识和民族精神，是赫哲族的历史记忆和文化象征，被誉为"北部亚洲原始语言艺术的活化石"和"人类文化多样性的一个活标本"。2006 年，赫哲族伊玛堪被列为国家级第一批非物质文化遗产保护名录；2011 年，又被联合国教科文组织列入"急需保护的非物质文化遗产名录"。

伊玛堪是有说有唱的叙事文学，由一人表演，无伴奏，类似讲故事，内容情节长，说唱合辙押韵，长者可连续说唱好多天。捕鱼滩地、打猎驻地、篝火旁及住家炕头都可成为说唱场地。不仅平时要唱，婚丧嫁娶、逢年过节时也要唱。大量作品常以"某某莫日根"为名，多是赞美英雄、颂扬神力，叙述部落之间征战、联盟，反映纯真爱情和表现渔猎生产技能及原始宗教的流传等，有强烈的英雄色彩，通过说唱者有声有色、活灵活现的表演，使听众为之入迷。

图7-4　著名歌手吴连贵在演唱伊玛堪

图7-5　尤金良在演唱伊玛堪

图7-6　赫哲族歌手葛德胜在说唱伊玛堪

在一代代优秀说唱人（也称"伊玛堪奈依"或"伊玛卡乞玛发"）的传承下，一部部史诗般的伊玛堪作品得以传唱到今天。但随着能够听懂赫哲族语的人越来越少，尤其是老一辈说唱人的相继离世，赫哲族伊玛堪面临着失传的危险。从20世纪70年代开始，政府进行了有组织的抢救和整理伊玛堪的工作。

图7-7　伊玛堪抢救小组为伊玛堪歌手吴连贵和葛德胜录音

为了保护好这一珍贵遗产，近年来，在政府和伊玛堪保护专家、学者的推动下，赫哲族聚居地相继建立了伊玛堪传习所，确立了一批传承人。"赫尼那来，赫尼那……啊啷"，随着一段段熟悉的旋律再次唱响，伊玛堪这门古老的说唱艺术重现了生机与活力。如今，在重大节庆活动上，伊玛堪已成为必不可少的表演项目，成为人们了解赫哲族文化的重要窗口。

图7-8　伊玛堪被更多地搬到舞台上，或作为民俗表演，展现赫哲族特有的民族文化

图7-9　伊玛堪国家级非物质文化遗产　图7-10　同江八岔赫哲族村伊玛堪传习所在教授伊玛堪
传承人吴宝臣在表演伊玛堪

图7-11　八岔赫哲族村妇女为游客演唱伊玛堪　　图7-12　伊玛堪走进大学校园

2. 特仑固

赫哲语意为传说。它是完全靠讲述完成的口头叙事文学，用于讲述赫哲族祖先的来历、先民的迁徙、姓氏宗族的起源、部落历史上的重大事件和杰出人物，以及抵抗侵略斗争的历史等，被称为赫哲族历史生活的"百科全书"。它题材广泛，篇幅短小。在网滩猎场、村边炕头、劳动空隙或群众聚会时，特仑固总是少不了的内容。20世纪60年代中期以后，赫哲族讲述特仑固的传统方式已由口头讲述变成了文字阅读，以往聚在一起听讲特仑固的场景已不再有。2008年，特仑固被列入黑龙江省级非物质文化遗产保护名录。

图7-13　伊玛堪传承人葛玉霞在表演特仑固

3. 说胡力

赫哲语意为故事，是赫哲族民间口头文学形式之一。它想象丰富、包罗万象、通俗易懂、妙趣横生，深受人民群众的喜爱。说胡力篇幅短小，故事内容主要讲述渔猎、生活、动物、英雄、萨满、爱情以及滑稽故事等。随着老一代说胡力讲述人的故去和受现代文化的冲击，说胡力在现实生活中已经很难见到。2008 年，说胡力被列入黑龙江省级非物质文化遗产保护名录。

图 7-14　赫哲族老人在滩头表演说胡力

图 7-15　赫哲族群众在民俗馆内为游客表演传统说唱艺术

四 / 民间音乐

　　和许多民族一样，赫哲人能歌善舞，无论身在何方，无论男女老少，都能触景生情，唱出优美动听的小调。主要曲调有赫尼哪调、嫁令阔调、萨满调、伊玛堪调、喜调、悲调、老头调、少女调等。同时发明创造了许多具有民族特色的乐器，如单面鼓和口弦琴等。

1. 嫁令阔

　　赫哲族民歌的总称，是赫哲族渔猎生产生活中一种音乐、文学结合抒发内心情感的歌唱艺术样式。演唱形式多以个人演唱为主，也有对唱和齐唱。演唱地点十分随意，狩猎、捕鱼、谈情说爱、亲朋聚会、哄孩子、祭祀神灵等都可以唱。演唱内容极为丰富，可分为古歌、萨满歌、渔歌、猎歌、喜歌、节令歌、礼俗歌、情歌、叙事歌、摇篮歌、新民歌等。2006 年，嫁令阔被列入黑龙江省级非物质文化遗产保护名录。

图 7-16　赫哲族妇女演唱嫁令阔

图 7-17　省级传承人尤忠美表演嫁令阔

图 7-18　那乃族妇女演唱嫁令阔

图 7-19　那乃族儿童演唱嫁令阔

图7-20　持单面鼓跳舞的那乃族少女

2.单面鼓

即神鼓，既是祭祀时用的法器，也是常用的主要乐器。击打起来，声音悠长而富有震撼力，在所有赫哲族乐器中起到主导作用，有时一个单面鼓便可独自演奏。赫哲人常常一边敲、一边唱跳。

3.口弦琴

赫哲语称"空康吉"，是用铁丝折成外壳，中间嵌上细长的钢片，含在口唇之间，用手弹拨，发出嗡嗡的声音，多为悠扬悲哀之调。2014年，口弦琴被列入黑龙江省级非物质文化遗产保护名录。

图7-21　民间艺人表演口弦琴

4.杜吉格

赫哲族古老的拉弦乐器。主要用于赫哲人早期在婚庆、丧葬、祭祀等仪式及在滩地、山林中自娱自乐即兴演出时弹奏。声音时而高亢、时而低沉，音域浑厚，倍受赫哲人喜爱。该乐器目前已失传。

图7-22　民间艺人尤军根据赫哲族老人回忆复原的乐器杜吉格

5. 莫肯根

赫哲族早期古老的弹拨乐器，主要用于辅助伴奏，声音可明快、可低沉，目前已失传。

6. 桦皮哨

也称鹿哨子，用长桦皮条卷成，吹之发声，其声呜呜，很像公鹿的鸣叫，赫哲族猎人常用它引诱野鹿。它原本是狩猎的辅助工具，后来，人们在桦皮筒上钻上几个洞，就可以发出不同的声响，形成了类似唢呐的简易乐器，多用于大型活动中吹鸣以烘托气氛。

图 7-24　根据赫哲族老人回忆复原的乐器莫肯根

图 7-23　那乃族少年在游行中吹桦皮哨

图 7-25　手铃

7. 击打乐器

赫哲人在祭祀和歌舞中，还就地取材，制作了一些简易的击打乐器，如手铃、沙槌、鱼皮鼓等。手铃是靠铃铛摇晃撞击发出叮当叮当的声音，沙槌是依靠蒙在鱼皮里的沙子撞击鱼皮来发出声音，而鱼皮鼓则是靠敲击鱼皮发声。这些击打乐器最大的特点就是操作灵活、简单易学，可以一边敲击、一边舞蹈，乐随舞起、舞在乐中、随性而为、自由恣意，特别是群舞时极具感染力。

图 7-26　沙槌

图 7-27　鱼皮鼓

7. 乌苏里船歌

"啊朗赫赫呢哪，乌苏里江来长又长，蓝蓝的江水起波浪，赫哲人撒开千张网……"这是一首在赫哲族传统民歌曲调《想情郎》的基础上改编创作、反映赫哲族人民在党的领导下过上幸福生活的歌曲。20世纪60年代，著名男高音歌唱家郭颂、作曲家汪云才和词作者胡小石多次深入到赫哲族聚居地同江市街津口、八岔及饶河县四排乡三个赫哲族主要聚居区体验生活、采风，被赫哲族人民火热的生活和赫哲族民歌优美的旋律所感染，以赫哲族民间曲调为原型和基调整理、加工，创作出了这首被世人称颂的经典歌曲。这首歌不仅是赫哲族民歌的代表作，1980年还被联合国教科文组织选定为亚太地区音乐教材，并送入太空。

图7-28　郭颂演唱《乌苏里船歌》　　图7-29　作曲家汪云才

图7-30　1996年，八岔村授予郭颂"荣誉村民"　　图7-31　2017年，饶河县委县政府授予词作者胡小石"荣誉赫哲人"

五 / 民间舞蹈

在赫哲族充满浓郁渔猎气息的民族歌曲中，同样也少不了舞蹈的参与，载歌载舞，歌舞传情。赫哲族民间舞蹈反映的多为祭祀和狩猎活动，在万物有灵的自然和多神崇拜中、在艰辛而富有乐趣的渔猎生活中，逐渐形成了多姿多彩的民间舞蹈。

1. 萨满舞

源于赫哲族萨满请神治病、驱魔撵鬼、祭祀祈祷等神事活动而演变成的一种民间舞蹈。传统萨满舞分独舞和群舞。独舞是萨满请神、治病、驱魔撵鬼时的舞蹈。舞蹈时，萨满敲击神鼓、甩动腰铃，做着各种夸张怪异的表情和动作，伴以请神驱鬼的诵词和咒语，气氛迷幻阴森，令人战栗。群舞是"跳鹿神"，赫哲语也称"温吉尼"，通常是在村屯的路上，萨满在前领舞领唱，众人随舞应和，场面十分热烈。

图7-32　萨满独舞

图7-33　萨满在祭祀江神时跳起萨满舞

图7-34　那乃族少女表演萨满舞

图7-35　萨满舞群舞

图7-36 萨满舞

跳萨满舞时，要着神帽、神衣、神裙。舞蹈姿势主要有三种：一是立舞，上半身略微前倾；二是伛舞，上下身成直角；三是蹲舞，两腿蹲下而舞。其跳法是手持鼓槌斜击鼓面，腰身随着鼓声左右摇动，腰铃随着晃动发声。步法是双脚随着鼓声和腰铃的晃动，前进一步，左右摇摆三下，如此反复，交替前行。如今，萨满舞已失去原有的神秘色彩，不仅在各种祭祀仪式上出现，还经常在赫哲族乌日贡大会和节庆上表演。2006年，萨满舞被列为黑龙江省级非物质文化遗产保护名录。

2. 篝火舞

萨满舞的一种形式，通常在祭祀火神和节日的夜晚，由萨满带领，男女老少围着篝火跳舞。在节日的夜晚，饮食后的赫哲人再次欢腾起来，他们身着盛装，手拿神鼓，围着篝火跳起热烈、粗犷、欢快的舞蹈。火光映红了笑脸与夜空，鼓声与欢笑声相和，在极富原始意味的舞蹈中展示了赫哲人豪爽、旷达的性格（图7-37、图7-38）。

图7-37 篝火舞

图7-38 篝火舞

3. 神鼓舞

除了篝火舞，神鼓舞也是以萨满舞为原型创编的一种舞蹈，一般为群舞。舞者手持鹿皮鼓，在激昂粗犷的鼓点伴奏下翩翩起舞，舞步刚劲有力、旋挪奔跑，腰铃不断发出清脆的响声，在一浪高过一浪的鼓声中，给人以强烈的艺术震撼力和感染力。

图 7-39　神鼓舞

4. 冬钓舞

在赫哲族民族舞蹈中，还有一些是模仿渔猎生产生活的舞蹈，这些舞蹈将日常生产生活的动作和场景经过简单的艺术加工，从而形成舞蹈动作，如冬钓舞、织网舞等。冬钓舞由松花江、黑龙江一带的赫哲族妇女冬季冰上钓鱼的习俗演变而成，由一个领舞和两个伴舞组成，主要是女性。道具包括鱼竿、鱼线、鱼钩、背篓和鱼。表演者模仿钓鱼的场景，时而起钩摘鱼，时而摇动鱼竿，翩然起舞，形象生动地再现了赫哲人钓鱼的生产场景。

图 7-40　冬钓舞

5. 织网舞

源于赫哲族妇女在休渔期织网补网的劳动场景，表现了对渔猎丰收的祈盼和憧憬。在跳舞的同时一般还要唱《织网歌》："赫尼那咦、赫尼那、赫咻赫尼那，红太阳升东方，黑龙江水翻金浪，赫哲姑娘在网滩。飞梭走线织渔网，银梭飞来歌声扬，打鱼船儿漂满江……张张渔网闪金光，巧手织出幸福景。"在歌声的伴唱下，舞者穿行于网中，好似穿针走线，脸上洋溢着幸福的笑容。

图 7-41　织网舞

图 7-42　织网舞

图 7-43　天鹅舞

6. 天鹅舞

赫哲族对自然万物的崇拜，同样也体现在多姿的舞蹈中，天鹅舞就是其一。它源于一个凄美的故事：一位赫哲族姑娘为摆脱不如意的婚姻，以生命为代价进行抗争，投河自尽而变为一只美丽的天鹅飞翔于天空。这个广为流传的民间传说《天鹅故事》，后来演变成了舞蹈。舞者模拟天鹅动作，舒展双臂，移动身形，仿佛天鹅在蓝天碧野间自由地翱翔；模仿雌雄天鹅相互交颈，亲昵爱抚，拟现天鹅热恋、育雏等情境；或欢快地鸣叫、嬉戏、跳跃、寻觅，表现了赫哲人对爱情和美好生活的憧憬。2008 年，赫哲族天鹅舞被列为黑龙江省级非物质文化遗产保护名录。

7. 鱼鹰舞

除了对天鹅的向往，既能翱翔在天空又能捕食鱼类的鱼鹰自然成了赫哲人崇拜的对象，并赋予了鱼鹰以神的力量，即兴创造了鱼鹰舞。通过丰富的肢体语言和有节奏的呼号，模仿鱼鹰飞翔及捕鱼时的各种动作，给人以形象逼真、栩栩如生的感觉，以展示对神鸟"阔力"的崇拜。

除了上述传统的民族舞蹈，近年来，赫哲族艺术工作者还对民族舞蹈进行大胆创新和艺术加工，既保留了赫哲族原始舞蹈的基因，又融合了现代元素，赋予其新的形式。很多舞蹈被搬上了舞台，使传统的舞蹈更加艺术化，符合现代人的审美需求（图7-45）。

图7-44　鱼鹰舞

图7-45　对民族传统舞蹈进行创新

在俄罗斯，那乃族民间舞蹈也较好地保留了本民族特色，神鼓、神杖、拂尘等经常作为表演时的道具，同时也吸收了俄罗斯民族的元素，创造出不同的舞蹈形式。但主要仍以本民族舞蹈为基调，与赫哲族舞蹈异曲同工，表演既粗犷激昂，又轻柔优美。

图7-46　那乃族民间舞

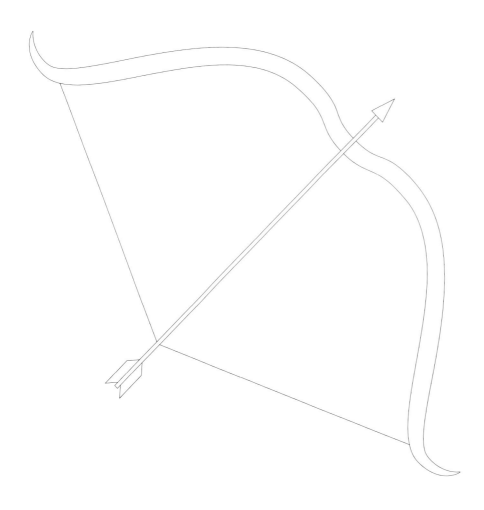

第八章

民族体育

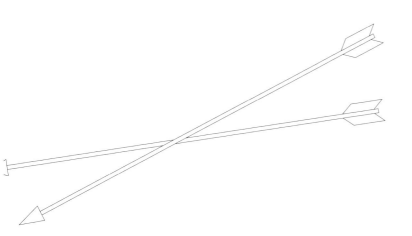

　　赫哲族传统体育是在渔猎生活影响下形成的,是纪念英雄人物、传达爱情、喜庆丰收的重要方式。它与赫哲族人民的劳动生活、宗教祭祀、民族传统节日紧密结合,不仅有高度的技巧性、对抗性,而且多伴以歌舞和游戏,既增强体质,又有益身心,是赫哲族人民在不同的历史发展进程中,为追求生存和生产的需要,在劳动和生活中创造出的渔猎文化成果。

一 / 竞技体育

1. 摔跤

赫哲族语称"发日合玛乞咪"，是赫哲族历史上传统的力量型竞技项目（如图8-1）。在伊玛堪里，几乎所有莫日根（英雄）都有超凡的摔跤本领，在征战、复仇、比武招亲时，多半要由摔跤决定胜负，摔跤也就成了赫哲族男人安身立命的重要手段，久而久之，赫哲人也就有了摔跤比赛的习俗。摔跤场地一般选在河滩、沙地，通常有花脖搂腰、支黄瓜架、抢跤和抓腰带等形式，最后胜者为"莫日根"。

图 8-1 摔跤

2. 鹿毛球

赫哲语称"库马克""样俄""笨布力"，是一项锻炼体魄、愉悦身心、培养集体合作、提升速度、提高灵活性的传统球类竞技项目（图8-2）。一般用獐、狍、野鹿、野猪等兽毛搓成毛球，用木棍在宅院内随意滚动争抢，或者挥击拨打。后受赫哲族另一传统游戏"叉草球"的影响，逐渐演变成网上抛掷和用球拍击打毛球的传统球类竞赛项目。1999年，该项目被正式命名为鹿毛球。

图 8-2 鹿毛球

3. 杜烈其

赫哲语即"争夺"的意思。它是集跑、跳、摔、拽等多项技能于一体的一项综合性体育活动，原称"跑万岁""跑趟子"（图8-3）。它起源于古代赫哲族部落与部落间的战争防御，也有说起源于"挡亮子"捕鱼生产，后演变成民间传统体育活动。主要是培养赫哲人的整体观念和勇敢精神，比赛全凭赤手空拳和战略战术。在规定的场地上，选手们相互推拉抱摔，或进攻、或守卫、协同作战、激烈争夺，拼力护卫自己的"领地"，极具对抗性和趣味性，深受赫哲族青少年的喜爱。

图 8-3　杜烈其

4. 顶杠

赫哲语称"莫吉吐日嘎"（图8-4），是赫哲族历史上传统的力量型竞技项目，是赫哲人在劳动之余，用最便利的器材较量体力的传统体育游戏。竞赛道具是一根长约2米、粗约15厘米的光滑圆木杠，在木杠中间做一标记，再在平地上画一条标记线，两个人在木杠的两头对顶着木杠，将木杠上的标记对准地面画线上的标记，一声令下，两人便开始对顶，先越过标记者获胜。

图 8-4　顶杠

5. 划船

赫哲语"特么特肯吊力",即划"快马子"船,赫哲语称"威胡",是流行于赫哲族地区的一项由生产活动变为体育竞技的传统体育项目(图8-5、图8-6)。划船是赫哲人最基本的生活和生产技能,先期是杨木凿成的独木舟、桦皮船,后用松木板制成"快马子"船。现在多为划"快马子"比赛。比赛时,三五只赛船奋力前行,竞比船速,先达终点者为胜。比赛时,江面上浪花激溅,一条条小船如同鲤鲫穿行江中,竞相争逐。

图8-5 "快马子"竞技　　　　　　图8-6 小丝挂子船竞技

6. 射箭

赫哲语称"鲁库沃嘎日夫"(图8-7)。赫哲族射箭有悠久的历史,最初用于打猎和战争。为提高技能,赫哲族男青年经常自发地开展一些相互间的射箭比赛,久而久之,便产生了射箭这一实用性的传统体育项目。比赛时,以草做成兽形靶,参赛者张弓搭箭,弦声噼啪,箭镞带风,仿佛前方就是稍纵即逝的猎物,最后以射中草靶多者为胜。

图8-7 射箭

图8-8 多人鱼王角力

图8-9 双人鱼王角力

7. 鱼王角力

赫哲语称"克莫奴"。它源于赫哲人捕鱼时的"拉网"或"拉纤"等传统渔业活动（图8-8、图8-9）。赫哲人在捕鱼时，每一次拉网都需要几个人合力，有时船遇有搁浅，需要年轻力壮的人在岸上用绳子拽着船走。于是，人们在打鱼休息时，年轻的小伙子们常常谈论谁拉网、拉纤的力气大。这时候，老渔民就给他们找来破旧渔网，将渔网两头系上，让两个人背对背站立，然后互相拉拽对方，直到一方把另一方拽到服输为止。这就是鱼王角力的雏形。经过多年的加工、改进，鱼王角力逐渐成为一项传统体育项目。

如今，因其简便易行、趣味性强，鱼王角力已成为各种节会必备的比赛和游戏项目。一条红绸，两人相背，各自拼力，随着一方胜利，场外则是欢呼一片。

8. 叉草球

赫哲语称"务洛克特乌力别乌尼"（图8-10）。早年间，赫哲人常在捕鱼或狩猎的闲暇之余，聚在一起用固定的草靶练习飞叉技巧。有时，一些孩子找来自然木杈，或把木棍削尖，当作鱼叉或扎枪，再把茅草扎成草靶充当猎物，模仿用鱼叉叉鱼、扎枪狩猎，进行抛掷和争叉草靶的游戏。久而久之，就演变成了一种既能演练叉鱼、叉兽的技能，又能强身健体的游戏。

叉草球的主要器材是木杈和草球，比赛用球为长条形或椭圆形，用茅草或绿色的丝网团成扁球形并系紧，木杈由柳木或硬柞木削成，形状为"Y"形。

在重大节庆活动中，叉草球经常被作为表演项目。比赛中，叉球队员将草球视为正在水中游动的鱼，在抛与叉的追逐互动中，呐喊声、加油声此起彼伏。当草球被叉中后，队员们就像叉中鱼儿一样欢呼雀跃。2006年，叉草球被列为黑龙江省级非物质文化遗产保护名录。

图8-10 叉草球

二 / 体育游戏

1. 打兔子

赫哲语称"囊图鲁"，是用木棒击打猎物的一项实用性体育比赛（图8-11）。早期，赫哲人在打猎过程中，面对一些反应机敏的小型动物，常常会偷偷靠近，而后投掷石块或木棒去击打猎物。因为用这种方法击打的动物主要是野兔，所以称其为打兔子。经过演化，成为一项趣味性很浓的体育竞技项目。比赛中，人们投掷木棒击打目标，相互比试看谁掷得准、谁的猎法高强。

图8-11　打兔子

2. 掷木轮

赫哲语称"拓霍日库诺多"（图8-12、图8-13）。它源于赫哲人造船时，有人把原木锯下的木片在河岸边随意掷滚的游戏。后来，有人将木轮在宽敞的空地上掷滚，对面有人用木棍拦挡，掷够约定数额，再相互交换。在后期的发展中，有打木轮、挡木轮、掷木轮等形式，成为集竞技性、观赏性和趣味性于一体的赫哲族传统体育项目。

图8-12 掷木轮

图8-13 挡木轮

图8-14 叉鱼

3. 叉鱼

　　赫哲语称"依玛哈卓布固各勒"（图8-14）。历史上，赫哲人使用鱼叉叉鱼是必备的生产技能，熟练者叉鱼从来都是叉不虚发，百发百中。比赛从叉鱼活动演变而来。比赛时，制作几个鱼的模型，在一定的距离内，投掷飞叉飞向目标，叉中鱼多者为胜，是一个极富渔猎印痕与色彩的体育游戏。

4. 打瓦

　　赫哲语称"榔突鲁"（图8-15）。它源于赫哲族青少年砍伐树木时锯下木轮，在平整的空地上进行击打的游戏。比赛时需要直径10~15厘米桦木轮若干个，分成每队3人的两个队，通过运用白瓦、踩瓦、放瓦、前别、前点、前大拉、兔子蹦、背瓦、肩扛瓦、头顶瓦等方式进行竞技。它集竞技性、趣味性、观赏性为一体，深受赫哲族少年儿童喜爱。

图8-15 打瓦

5. 拉杠

赫哲语称"莫踏特日"（图8-16）。古代，拉杠是赫哲族渔猎能手在劳动闲暇时，用木棍锻炼、较量力气的体育游戏，后演化成竞技项目，多在网滩、猎场休息时或吉庆的日子举行。比赛时，两人在一平地顶脚对坐，二人双手横拉木棍，一方将另一方拉起即判获胜。

图8-16　拉杠

6. 背媳妇

赫哲语称"阿申妹合勒"（图8-17），它起源于赫哲族的打鱼活动。夫妇俩打鱼回来，要拿许多东西。由于路途较远，媳妇坚持不住，丈夫经常会背媳妇一段路程。渐渐地，几家人一起出去打鱼，回来时大家就不约而同地背起自己的媳妇走，互相比赛，既缓解了疲劳，又加快了行走的速度，后来就形成了这个游戏项目。比赛时，男背女，女背鱼篓。男持撮罗子，行走在由一根倒木、九个模拟塔头墩、一座独木桥组成的赛道上，男选手用撮罗子抄起桥下的假鱼，而后跑向终点。此项目既比试丈夫的体力、耐力，同时又考验着夫妻配合的默契程度，因此倍受欢迎。

图8-17　背媳妇

7. 冰磨

赫哲语"珠克么苏勒乌克乞"，是一个古老的赫哲族儿童游戏（图8-18）。其玩法是：在冰上先竖一个柱子作磨心，再以一横木钻一孔套入磨心，一端着地，并系冰爬犁一个，可坐一二人，一端是磨把。儿童们推磨把，则磨转动，爬犁也随之飞转。图为冰磨微缩模型。

图8-18　冰磨

8. 拔大葱

是一种比试双方体力的游戏（图8-19）。比赛时，两人相错半身面对而立，两腿分开，各将一只脚在对方裆下前伸半步，半蹲，上体前倾，一臂在对方腰后，一臂在对方腹下，双手反抱。而后两人一起发力，向上拔对方，双脚离地者负。此游戏简单易学，场地不限，可随时玩，因此也深受赫哲族少年儿童喜爱。

图8-19　拔大葱

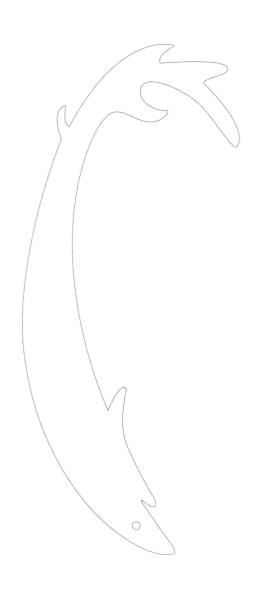

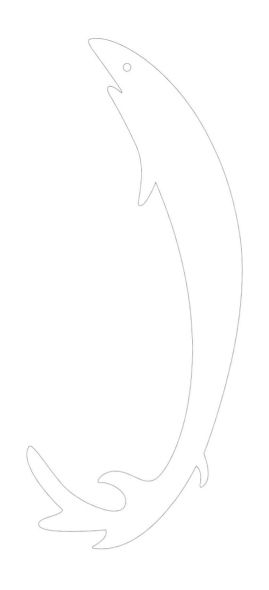

第
九
章

民族艺术

　　在长期的渔猎生活中，赫哲族利用渔猎资源和自然资源进行生
产生活的同时，也创造出灿烂的民族艺术，这其中既有承载赫哲人
原始审美情趣的美术图案，也有以鱼皮、桦皮和鱼骨为代表的民族
工艺和艺术。这些工艺不仅解决了赫哲族人民的衣食等生活问题，
同时也展现了赫哲族人民的聪明才智和群体审美意识，成为中华民
族艺术宝库中的瑰宝。

一　鱼皮艺术

　　鱼皮制作技艺在历史上曾是赫哲人一项重要的生存技能，是赫哲族渔猎文化最具代表的主要特征，已成为赫哲族的民族符号。正是这特有的技艺及其所创造的艺术，以其精湛绝伦的工艺及寄山含水、蕴神赋灵的表达，传递了一个古老渔猎民族对自己赖以生存的环境最生动的情愫，被誉为"鱼皮部的不朽传奇"。

图 9-1　剥鱼皮

1. 鱼皮加工工艺

　　每一件鱼皮制品，看似平淡无奇，实际上却浸透了赫哲人的智慧与心血。制作这样一件鱼皮制品，大体要经历剥皮、晾晒、去鳞以及捶制、熟制、缝制、粘贴等多个环节，每个环节都必不可少。首先要用专用木刀将鱼皮与鱼肉细心剥离，割去鱼头鱼尾后晾晒干。晒干时，为了保证鱼皮柔软又不干燥，要将鱼肝捣碎均匀涂在鱼皮上。而后再用木铡刀将鱼鳞去掉。最后进入关键环节，就是鱼皮熟制，也称熟鱼皮，是使鱼皮软化的重要工序，而鱼皮的软化程度直接关系到鱼皮制品的优劣。一般需要用木槌、木床等工具反复敲打，直至柔软为止。待这些基础工序完工后，便可以缝制了。

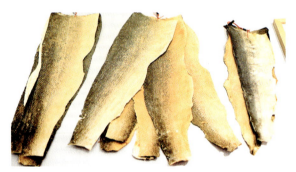

图 9-2　经过晾晒和去鳞后的鱼皮

图 9-3　捶制鱼皮和手工鞣制鱼皮

图9-4 用木铡刀熟鱼皮

图9-5 将熟制好的鱼皮连成大片

图9-6 缝制鱼皮衣

图9-7 制作鱼皮衣饰物

2. 鱼皮加工工具

　　主要有木槌、木床、木铡，是赫哲族主要的熟皮工具。熟鱼皮即是使鱼皮
软化的一道工序。木槌也称"空库"，似斧头形状；木床也称"亥日坎"，呈
长元宝形；木铡形状类似铡草用的铡刀。制作熟皮时，一般把鱼皮放在木床上，
用木槌反复捶打。而后再把鱼皮放在木铡刀下，进行压铡，直到使皮质柔软后，
就可以加工制作衣服了。

图9-8　木槌、木床

图9-9　木铡

图9-10　早期赫哲人熟制鱼皮

图9-11　早期那乃人熟制鱼皮

3. 鱼皮工艺品

鱼皮除用来制作衣物之外，还用来制作弓箭兜、烟袋等各种生活中的物件，将实用功能与精致美观完美结合起来。闲暇之余，赫哲人还擅长制作鱼皮画及各种挂件装饰，是鱼皮工艺的典型代表。这些工艺品以赫哲族生产、生活、民俗、信仰为题材，通过赫哲族艺人传统的粘贴、镂刻技法和当代艺术工作者的加工创造，成为一件件精美绝伦的艺术品，不仅是赫哲族渔猎文化在美学上的集中体现，同时也是中华民族的文化艺术瑰宝。2006年6月，赫哲族鱼皮制作技艺被列入第一批国家级非物质文化遗产名录。

图9-12　用鱼皮制作的生活物件　　　图9-13　鱼皮画　　　图9-14　鱼皮挂件

二 / 桦皮（木）艺术

在早期的生活中，赫哲人经常以桦树皮、树木为原材料，加工制作一系列与渔猎生产和日常生活相关的生产工具和生活用品。这些桦皮（木）制品样式多、品种全、范围广、实用性强，几乎覆盖了渔猎生产、日常生活、宗教祭祀及文化娱乐等方方面面。用桦树皮制成的各类用具不仅实用，而且利于雕刻各种动物、花草及点线纹混合的艺术图案，精致美观，成为一件难得的艺术品，体现了浓郁的民族特色。

1. 生活类

图 9-15　木杯

图 9-16　木盆

图 9-17　木勺

图 9-18　木摇篮

图 9-19　桦皮水桶

图 9-20　桦皮器皿

2. 祭祀类

图9-21　祭祀用的木制神偶

3. 工艺类

图9-22　桦皮画

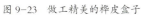

图9-23　做工精美的桦皮盒子

图9-24　桦皮头饰

图 9-25　国家级桦树皮制作工艺传承人付占祥在制作桦树皮船

图 9-26　俄罗斯那乃族聚居区售卖桦树皮器皿的那乃老人

　　如今，在赫哲族和那乃族老一辈民族手工艺者的努力下，古老的桦树皮制作技艺得以传承并重新焕发了生机。虽然桦皮（木）制品其实用价值已非其主要功能，现在更多的则是装饰和美化意义，但其蕴含的赫哲人的智慧则穿越时光，依然熠熠生辉。2006 年，桦树皮工艺被列入国家级非物质文化遗产名录。

三 / 鱼骨艺术

　　鱼骨工艺也是赫哲族独有的一种民间艺术。一些看似无用的鱼骨，在赫哲人手中，不仅能成为鱼皮衣服上的饰物，制作成生活中需要的器具，还能制作成鱼骨粘贴画，粘成活灵活现的飞鹰、天鹅、仙鹤、花草、树木、山水、人物等各种造型，巧夺天工，展现了赫哲人的智慧和创造力。2008 年，鱼骨工艺被列入黑龙江省级非物质文化遗产名录。

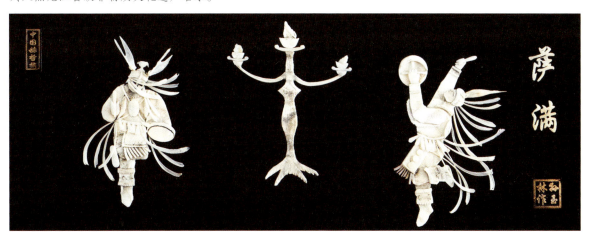

图 9-27　鱼骨贴画《萨满》

图 9-28　鱼骨造型《鹿神》和《神树》

图 9-29　鱼骨贴画《赫哲网滩》

四 / 美术图案

如果说鱼皮、桦皮、鱼骨制成的工艺品是对自然万物具有朴素情愫的利用和在此基础上对美的憧憬，那么，蕴含着赫哲人独特审美情趣的赫哲美术，则是赫哲人对美的主动追寻与探索。它体现在生产和生活的方方面面，散发着迷人的魅力。这其中尤以精美纷呈的美术图案为代表。这些图案可分为三大类，即动植物图案，云卷纹、水波纹、涡旋纹、螺旋纹等纹饰，抽象的几何图案，突出表现为大量运用曲线造型。它们遍布赫哲人的服饰、器物装饰、美术工艺中，形态生动，个性突出，抽象与简约交织，风格平和自然，造型天真自由，具有较高的审美价值。

1. 服饰图案

图 9-30　服饰图案

赫哲族妇女常用平绣、绗绣等方法在服装上装饰精美图案，纹饰以水波纹、云卷纹、镂空花纹居多，线条相对简洁。一般来说，男人和老人多选择朴素大方、端庄素雅的纹饰，妇女和儿童多采用彩线织就的艳丽图案，既给人以雍容华贵之感，又寄托着吉祥福寿之意（图 9-30、图 9-31）。

图 9-31 服饰图案

　　那乃族传统服饰较好地保留了本民族特色，纹饰除涡旋纹、螺旋纹、云卷纹之外，还大量使用抽象的植物、动物图案，图案相对复杂多变，颜色明艳中透露着古朴，宗教色彩较浓，给人以神秘感（图 9-32）。

图 9-32 服饰图案

2. 器物图案

　　除了衣物服饰，赫哲人还在木盆、衣箱、水桶等生活用品及宗教器物上大量使用纹饰图案，给人以美的享受。这些图案多采用贴花、雕刻、模压及绘画的手法，利用桦树皮的天然纹理，用阴、阳纹的雕刻手法，配以抽象的花鸟鱼鹿等图形纹饰，既美观又彰显厚重的历史文化底蕴。在色彩上，桦树皮器物多以原色为正色，很少添加其他颜色；而木制品多采用绘画方式，组图丰富，色彩鲜艳。正是这些图案的装饰，使原本简单的器具立时生辉，增色许多（图9-33）。

图9-33　器物图案

3.美术作品

　　赫哲族民俗画家尤永贵从20世纪60年代开始创作风俗画。他的水粉画构思精巧、线条粗犷、画风古朴，大多取材于赫哲人的渔猎生产、宗教仪式、衣食住行、民风民俗。画中，赫哲人或捕猎、或饮食、或出行、或举行宗教仪式，反映了原始时代赫哲人的渔猎生活和民风民俗，为后人了解赫哲族早期生产生活提供了直观生动的依据。

图 9-34　赫哲人住的地窨子

图 9-35　彩橇迎亲

图 9-36　赫哲人冬猎

图 9-37　祭树神

图 9-38　江畔赫哲人家

图 9-39　狗拉爬犁

同样通过绘画来展示民族印象的还有俄罗斯画家哥·巴夫里斯。他以那乃人为原型，创作了大量反映那乃人早期生产生活的绘画作品。画作中，人物生动传神、似在旁侧，各种器物和纹饰形象逼真、纤毫毕现，色彩鲜艳明快，画风古朴，真实还原了那乃人的生产生活场景，对研究那乃人生产生活习俗具有重要价值。

图 9-40　那乃族姑娘　　　　　　图 9-41　那乃族人家　　　　　　图 9-42　那乃族猎人

图 9-43　熟制鱼皮　　　　　　　图 9-44　雪橇上的那乃族妇女　　图 9-45　萨满跳神

4.建筑图案

进入现代，来自远古的气息仍然在赫哲族聚居区随处可见。在很多民居的墙壁上都绘有墙画，这些墙画多以反映赫哲族渔猎生活、古老神话传说、图腾印象等为主，画风原始质朴、造型夸张、色彩鲜艳、抽象神秘，具有浓郁的民族特色，不仅生动反映了赫哲人早期开展渔猎生产和生活的场景、宗教信仰，也寄托了赫哲人对美好生活的向往。其中代表作品有《天河》《渔归》《马哈鱼传说》《恩都力造人》《唐王借鱼》《街津山的传说》《柳树妈妈》《鳇鱼嬉浪》《金翅鲤鱼》《莫日根捕获大鲟鱼》《浪花鱼》系列、《沙伦莫日根》等。如今，这些墙画不仅标识着一个古老民族的记忆，其文化景观更成为推动赫哲乡旅游经济的重要元素（图9-46、图9-47）。

图9-46　建筑图案

图9-47　建筑图案

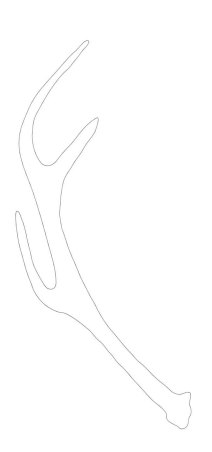

第十章 科技医药

赫哲人善于观察自然，并在长期的渔猎生活中，总结和创造出了一系列科技方法和医药知识，为赫哲族的人口健康和经济社会发展提供了保障。

一／民间科技

赫哲人在渔猎生产和生活中，不断积累经验，创造出了独特的计时方法、计量方式和气象预测方法。

木制日历

赫哲人在长期的生活实践中，发明了木头日历，用以表述年、月、日。日历是用树枝结成一个圆盘形，圆盘内分上下两列：上列挂 12 个圆木条，代表 12 个月份；下列挂着长短不一的三种木条，木条中最短的代表日，长木条代表旬的开始，最长的木条是"界条"，位于下列正中间的位置。界条的左边，代表一年中已经过去的日子，右边则代表将要到来的日子。拨一短木条为一日，拨一长木条为一旬；十日为一旬，三旬为一月。计算时间的时候，先将所有木条推至绳子的另一侧，然后每过一日就把木条向相反方向移动一根。移动完 30 根木条即表明过了一个月，拨动 12 次即为一年。

图 10-1　木制日历

二 / 民间医药

　　赫哲人由于生存条件艰苦，身体常出现损伤和疾病，因此，在生产生活实践中，对动植物的药用价值产生了一定的认识，逐渐形成了本民族独特的医疗卫生知识，如利用植物的根、叶、茎、花蕾、果实等治疗不同的疾病，或利用动物、鱼类，自然界的水、土、岩石、汁液、寄生物等作为滋补、延寿的药物。由此总结和发明出的民间医治方法，有着极高的疗效和实用性，为赫哲族的繁衍生息提供了健康保证。

图 10-2　獾子油，赫哲语称獾子为"多罗空"，其油是治疗烧、烫伤的药品

图 10-3　猴头蘑，赫哲语称"吉又陈依格达付刻尼"，是名贵菌类，可入药

图 10-4　鹿茸血，名贵的中药材，可治血气病，还可用作补品

图 10-5　鹿胎膏，治疗妇科疾病的药品，可补血

图 10-6　柳蒿芽，赫哲语称"额恩比"，是赫哲人经常吃的野菜之一，具有治泻病的功效

第十一章

赫哲名人

在历史的长河中，赫哲人为开发、保卫和建设边疆进行了可歌可泣的斗争，做出了杰出的贡献，在抗击外敌入侵、经济和社会建设、民族文化传承中涌现出了许多莫日根（英雄）和名人。

医学专家毕天民

毕天民（1899—1959）（图11-1），出生于桦川县苏苏屯。1921年考入奉天医科专门学校，获学士学位。1927年回到佳木斯创办东方医院。1930年赴英国剑桥大学攻读公共卫生学和热带病学，获公共卫生学博士和医学博士，回国后在奉天医科专门学校任教。1932年，毕天民和其他8位爱国人士组成"爱国小组"，向国联调查团实名揭露侵华日军建立伪满洲国的罪证，被侵华日军逮捕，史称"沈阳九君子"。释放后，学校派其到日本京都帝国大学医学院进修公共卫生学和传染病学，获博士学位。回国后，先后担任山东齐鲁大学教授、成都三大联合医学院教授、宁夏卫生处副处长、东北救济总署卫生专员、南京中央大学医学院公共卫生系主任等职。1952年，调入第三军医大学工作，是我国公共卫生学开创者之一。

图11-1

著名医生赵汝昌

赵汝昌，又名赵雪天（1909—2005）（图11-2），著名医生和诗人。1928年考入吉林省立医专，1941年开设白山医院。1948年参军，任东北军区第十三后方医院西郊分院主治医师，兼任合江军区卫生学校（佳木斯大学前身）教员。1951年任佳木斯人民医院副院长，1958年任中西医院副院长。曾任佳木斯市政协常委、民盟佳木斯市委宣传部部长、佳木斯市医药联合会主任委员等职。出版有《赵汝昌诗集》。

图11-2

著名作家乌·白辛

乌·白辛，原名吴宇宏（1920—1966）（图11-3），中国戏曲家协会会员、黑龙江省作协会员。曾任解放军20旅宣传队队长、24旅文工团团长、38军文工团副团长、八一电影制片厂编导、哈尔滨话剧院编剧。主要代表作有：电影《冰山上的来客》，散文集《从昆仑到喜马拉雅》，话剧《赫哲人的婚礼》《焦裕禄》《印度来的情人》《黄继光》，诗集《九月的歌》《南行草》，纪录片《祖国的东北》《谷格王朝的遗址》《雪山巡逻兵》《在帕米尔高原上》等。

图11-3 乌·白辛在创作剧本

图11-4 乌·白辛在赫哲族村采访并创作了话剧《赫哲人的婚礼》　图11-5 电影《冰山上的来客》

科技专家毕大川

毕大川（1938—2012）（图11-6），全国政协委员、国际宇航科学院院士，著名科学家。1962年毕业于吉林大学，先后任职于中国科学院数学所、德国斯图加特大学、中国航天工业部。1988年起任中国技术创新有限公司总经理、董事长。2004年创办北京前沿科学研究所，任所长。研究成果曾获1978年全国科学大会重大成果奖，1980年中国科学院二等奖、国防科工委二等奖，1982年国家自然科学二等奖，1989年国家科学技术进步三等奖。

图11-6

民族干部葛忠兴

葛忠兴（1952—）（图11-7），黑龙江省饶河县人，1974年毕业于中央民族学院，1993年毕业于中央党校政治经济专业函授班，1998年毕业于中国社科院研究生部货币银行学专业。历任中央民族学院团委书记、国家民委直属机关团委书记、直属机关党委副书记，中国民族国际信托投资公司副董事长兼副总裁，中央民族歌舞团党委书记兼副团长，中共云南省楚雄彝族自治州州委副书记（挂职），国家民委经济司司长、财务司司长、专职委员兼财务司司长，现任中国民族医药协会会长。退休后，致力于民族医药的传承、推广、研发与产业发展，同时积极推动赫哲族和人口较少民族历史文化研究。2015年倡导并推动两年一届的中国赫哲族发展高峰论坛在佳木斯大学召开。2017年以佳木斯大学为依托单位，推动成立中国人类学民族学研究会人口较少民族研究专业委员会，为民族医药事业振兴和促进新时代赫哲族及人口较少民族研究和发展做出了重要贡献。

图11-7　葛忠兴在第十届乌日贡大会上致辞

书法名家赵隽明

赵隽明（1945—），又名哈普都·隽明（图11-8），著名书法家，中国书法家协会会员，黑龙江省美术书法家协会主席、省篆刻研究会会长、省书法家协会副主席，中央文史馆书画院研究员，省政协常委，一级美术师。曾获中国百杰书法家、黑龙江省首届"德艺双馨"文艺家、中国书协"德艺双馨"书法家等称号。

图11-8

图11-9　赵隽明书法作品

著名歌手吴连贵

图 11-10

吴连贵（1908—1980）（图 11-10），著名伊玛堪歌手，曾任中国民间文艺家协会会员、省民间文艺家协会顾问、省政协委员。说唱的伊玛堪《木竹林莫日根》《木都力莫日根》《希尔达鲁莫日根》等分别发表在《伊玛堪》《黑龙江流域英雄叙事诗》中。1979年，应邀出席全国少数民族民间诗人、歌手大会，演唱的《走进大会堂》《白云胡萨》等歌词分别发表在《诗刊》《黑龙江日报》上，讲述的《天河》《北斗》等民间故事发表在《民间文学》和《赫哲族民间故事选》中。

图 11-11　1979 年 10 月，在全国少数民族歌手大会上，吴连贵与其他少数民族歌手合影

图 11-12　吴连贵在演唱伊玛堪

著名歌手葛德胜

葛德胜（1911—1998）（图 11-13），著名伊玛堪歌手，曾任中国民间文艺家协会会员、黑龙江省民间文艺家协会顾问、黑龙江省赫哲族研究会顾问。他自幼随长辈狩猎，听老人唱伊玛堪，边听边学，逐渐掌握了传统的伊玛堪艺术。其代表作主要有《香叟莫日根》《满斗莫日根》《木都力莫日根》等 7 部。其中，《满斗莫日根》先后获黑龙江省民间文学优秀作品奖和全国优秀民间文学三等奖。1984 年，被黑龙江省民间文艺家协会授予"民间说唱家"称号。

图 11-13

图 11-14　葛德胜在说唱伊玛堪

民俗画家尤永贵

尤永贵(1911—1995)(图11-15),民俗画家,曾任同江县政协委员、黑龙江省民间文艺家协会会员。他从小喜欢画画,曾在同江县城画匠铺当学徒。1932年参加路永才团的大刀会、红枪会反抗日本侵略者。中华人民共和国成立后,先后在哈尔滨铁路总工会、沈阳机车车辆厂从事美术工作。1961年退职返回同江街津口。他擅长用水粉创作赫哲族民俗画,画作构思精巧、线条粗犷,反映了原始时代的渔猎生活。创作作品上百幅,其中代表作《冰上人家》1983年获全国农民画展二等奖,作品《富裕起来了》1985年获黑龙江省首届农民书画展特别奖。1988年,日中友好协会收藏其作品40幅。

图11-15 尤永贵与来访者进行创作交流

图11-16 尤永贵创作的部分民俗画

民间工艺家尤连仲

尤连仲(1919—2000)(图11-17),著名的赫哲族民间工艺家。他自幼心灵手巧,学习和继承了丰富的狩猎本领和桦皮工艺,善用桦树皮、色木包、鹿皮腿等制作各种器皿,共制作民间工艺品上千件。其成套作品被北京民族文化宫、北京民族博物馆、黑龙江民族博物馆收藏,并赴日本、加拿大等国家博物馆展出。他的作品崇尚自然、技术娴熟,生动反映了赫哲族人民的审美观和艺术情趣。

图11-17

图11-18 制作精美的桦皮盒

图 11-19

伊玛堪翻译家尤志贤

尤志贤（1927—2009）（图 11-19），伊玛堪翻译家，曾任中国民间文艺家协会会员、黑龙江省赫哲族研究会会长、满语研究所副研究员。1957年从事少数民族历史文化调查工作。他翻译了伊玛堪作品 8 部，其中《满斗莫日根》获 1979—1981年全国民间文学作品三等奖、《安徒莫日根》获黑龙江省民间文学优秀作品奖。著有《简明赫哲语汉语对照读本》《黑龙江省志·民族志（赫哲族卷）》《赫哲语伊玛堪选》等。

民族作家孙玉民

孙玉民（1961—）（图 11-20），中国作协会员，黑龙江省作协会员。他从小热爱文学，1987年参加全国少数民族文学笔会，曾在黑龙江省文学院青年作家班、鲁迅文学院作家班学习。主要代表作有中篇小说《乌苏里江船歌》、短篇小说《迷恋的东方》、散文集《碧绿的明冰》、诗歌《冰上人家》等。先后获省"土地杯"小说一等奖、全省散文佳作奖等。

图 11-20

图 11-21　孙玉民创作的部分作品

第十二章

跨境而居民族

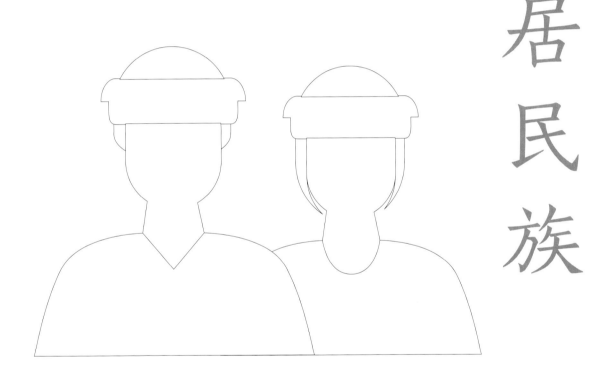

　　赫哲族在漫长的历史发展中，其远祖在10世纪前南迁至黑龙江、松花江、乌苏里江流域的过程中，吸收了奇勒尔人和当地的费雅喀人及一小部分虾夷人，又与通古斯人融合，共同形成了现在的赫哲族族体，呈现了多源多流的特点。在后期的历史发展中，尽管有些民族跨国境而居，但却有共同族源，在历史文化上有着千丝万缕的联系。这些同源民族突出表现为：地域相邻，同属东北亚地区；信仰相同，同属一个文化圈；民俗相似，同属渔猎文化。

俄罗斯那乃族

俄罗斯那乃族与中国赫哲族原本是一个民族。19世纪五六十年代，沙俄强吞我国黑龙江以北至外兴安岭、乌苏里江以东，包括库页岛在内的大片领土，致使赫哲族成为跨境而居的民族，在俄罗斯境内被称为那乃族。主要分布于俄罗斯联邦哈巴罗夫斯克边疆区的黑龙江下游两岸及乌苏里江右翼各支流，直至滨海边疆区。据俄罗斯官方统计，那乃族人口1860年5345人、1897年5441人、1939年8400人、1959年8026人、1970年10005人、1979年10515人、1989年12017人、2002年12160人（《2002年全俄人口普查结果：民族组成和掌握的语言、国籍》）。2010年人口普查为12003人。

1. 那乃族印象

赫哲族与那乃族同宗同源，尽管分属两个国家，但在身体特征、宗教信仰、服装服饰、文化习俗等方面保留着诸多共同的民族记忆。

图12-1　早期那乃人

图 12-2　那乃族老人

图 12-4　那乃族少女

图 12-3　那乃族青年

图 12-5　那乃族妇女　　　图 12-6　那乃族儿童　　　图 12-7　那乃族妇女和幼儿

2. 主要聚居区

　　那乃族是俄罗斯远东地区人口最多的少数民族。2002年，全俄人口普查为12160人，哈巴罗夫斯克边疆区那乃族人口为11223人，占那乃族总人口数量的92.3%，主要分布在哈巴罗夫斯克、阿穆尔斯克、共青城和尼古拉耶夫斯克。那乃人主要聚居的那乃区隶属哈巴罗夫斯克边疆区，其行政区划是在1934年由苏联苏维埃远东边区执行委员会主席团颁布行政命令确定。区政府设在特罗伊茨科村（也称特罗伊茨科耶村），该区行政面积13.68平方公里，共有人口4677人（2018）。

图12-8　那乃区政府

图12-9　历史博物馆

图12-10　体育馆

图12-11　青少年活动中心

图12-12　区政府所在地特罗伊茨科村街头

图12-13　那乃族民居

那乃区内有42个民族村社，利用丰富的林业、渔业资源优势，主要从事林业和渔业等生产经营，但生产经营方式单一，仍处于初级阶段，民族经济发展相对缓慢。那乃区重视传统文化的保护与传承，服装服饰、音乐舞蹈和饮食习俗等传统文化都能够得到很好的保护与传承。2019年是那乃区成立85周年，那乃区政府举行了盛大的庆祝活动。那乃区区长为有贡献的村民颁发了荣誉村民证书，各个村社组织了风格各异的游行队伍，并进行了文艺演出和民族工艺、饮食等特色展示。那乃人纷纷表演传统节目，展示桦皮制作、织绣等传统工艺及特色饮食，整场活动充满了浓郁的民族特色。

图 12-14　区庆游行

图 12-15　那乃区区长为那乃族老人颁发荣誉村民证书

图 12-16　文艺演出

图 12-17　传统美食展示

图 12-18　传统手工艺品展示

第十三章

传承与研究

进入 21 世纪以来，在各级政府的支持下，独特的赫哲族文化得以较好地保护与传承，多项古老的说唱文学、舞蹈及民间艺术被列入非物质文化遗产名录。同时依托高校和科研机构，积极开展历史文化及经济社会发展研究，学术研究百花齐放，硕果累累，为助推赫哲族特色文化和经济社会发展贡献了智慧。

一／传承创新

在漫长的历史进程中，赫哲族人民创造了灿烂独特的民族文化，但随着生产生活方式发生了根本性的变化，依托于此的民族文化也随之式微，甚至一度面临濒临失传和消亡的局面。为有效保护和传承赫哲族文化，各级政府通过开设民族语言课程、设立传习所、确立非遗传承人、举办民族工艺赛事和文博展会等措施，让更多人了解和喜欢赫哲文化，使赫哲文化更好地传承下去。

1. 保护传承

近年来，在政府的支持下，一批赫哲族特色文化及民间工艺、生产习俗等相继被纳入国家级、黑龙江省级非物质文化遗产保护名录，并确定了各级传承人，使许多濒临失传的老习俗、老工艺等得以保护和传承。

图 13-1　国家级鱼皮制作工艺传承人尤文凤　　图 13-2　国家级伊玛堪传承人吴宝臣

图 13-3　国家级伊玛堪传承人、黑龙江省级口弦琴传承人吴明新　　图 13-4　国家级桦树皮制作技艺、黑龙江省级嫁令阔传承人付占祥

赫哲族非物质文化遗产保护名录

名称	类别	发布时间	级别	代表性传承人
赫哲族伊玛堪	曲艺	2006（第一批）	国家级	吴明新　吴宝臣
			省级	尤文兰　尤文凤　葛玉霞　尤秀云
赫哲族鱼皮制作技艺	传统技艺	2006（第一批）	国家级	尤文凤
			省级	尤忠美　解永亮　尤雪松　尤伟玲　任　媛（汉族）
桦树皮制作技艺	传统技艺	2006（第一批）	国家级	付占祥
			省级	尤俊涛
婚俗（赫哲族婚俗）	民俗	2014（第四批）	国家级	吴玉梅
鱼皮镂刻粘贴画	传统美术	2006（第一批）	省级	刘　升（汉族）　尤延文
赫哲族嫁令阔	传统音乐	2006（第一批）	省级	付占祥　尤忠美　付玉玲
赫哲族萨满舞	传统舞蹈	2006（第一批）	省级	葛玉霞　葛延伟
赫哲族叉草球	传统体育、游艺与杂技	2006（第一批）	省级	何玉林　孟祥文（汉族）
赫哲族乌日贡大会	民俗	2006（第一批）	省级	社会传承
赫哲族传统服饰	民俗	2008（第二批）	省级	尤忠美　解永亮
鱼骨工艺	传统美术	2008（第二批）	省级	孙玉林　徐荣璘
赫哲族剪纸	传统美术	2008（第二批）	省级	蒋丽萍　吕一丁
赫哲族传统婚俗	民俗	2008（第二批）	省级	吴玉梅　吴赫磊
赫哲族特仑固	民间文学	2008（第二批）	省级	吴明祥　闫　琴　尤婷婷
赫哲族说胡力	民间文学	2008（第二批）	省级	尤文兰　孙　雪（汉族）
赫哲族天鹅舞	传统舞蹈	2008（第二批）	省级	吴玉梅　齐艳华
赫哲族食鱼习俗	民俗	2008（第二批）	省级	付玉江
赫哲族传统渔具手工制作技艺	传统技艺	2014（第四批）	省级	崔长城
赫哲族鹿神舞	传统舞蹈	2014（第四批）	省级	尤忠美
赫哲族空康吉（口弦琴）	传统音乐	2014（第四批）	省级	吴明新
赫哲族捕捞大马哈鱼习俗	民俗	2016（第五批）	省级	尤　军
开江祭祀仪式	民俗	2016（第五批）	省级	尤雪松
赫哲族全鱼宴	传统技艺	2020（第六批）	省级	潘秀红
赫哲族传统民居营造技艺	传统工艺	2020（第六批）	省级	李志国
桦树皮画制作	传统美术	2020（第六批）	省级	顾世明（汉族）
大马哈洄游节	民俗	2020（第六批）	省级	孙中馗

图13-5　国家级赫哲族婚俗、黑龙江省级 图13-6　黑龙江省级鱼皮制作工艺、鹿神舞、嫁令阔传承人尤忠美
赫哲族天鹅舞传承人吴玉梅

图13-7　黑龙江省级开江祭祀萨满传 图13-8　黑龙江省级赫哲族天鹅舞传 图13-9　黑龙江省级伊玛堪、萨满舞传
承人尤雪松　　　　　　　 承人齐艳华　　　　　　 承人葛玉霞

图13-10　黑龙江省级鱼骨工艺传承人孙玉林

图 13-11 黑龙江省级赫哲族特仑固传承人吴明祥　　图 13-12 黑龙江省级鱼皮制作技艺传承人尤雪松

图 13-13 黑龙江省级大马哈鱼捕鱼技艺传承人尤军　　图 13-14 黑龙江省级赫哲族食鱼习俗传承人付玉江

图 13-15 国家级鱼皮制作工艺传承人尤文凤在传习所传授鱼皮制作工艺　　图 13-16 赫哲族传统体育项目顶杠传习

2. 创新发展

在对民族文化进行保护和传承的基础上，一些文艺工作者还融合现代元素，对赫哲族传统文化和工艺进行了创新，有的被艺术化搬上了舞台，有的改良了传统工艺，使古老的赫哲文化与现代文化交融，以更加富有传统又多姿多彩的形态呈现在世人面前。

大型民族舞蹈史诗《乌苏里传歌》

2016年，由佳木斯大学与佳木斯演艺公司创作，并作为黑龙江省唯一节目参演第五届全国少数民族文艺会演。该舞剧以赫哲族独特的历史文化为背景，运用赫哲族特有的"伊玛堪"说唱表现形式，充分演绎赫哲族古老的祭祀、渔猎和图腾文化，表现对生命、自然的崇拜，衬托人与自然和谐相处，展现了赫哲族人民的智慧和中华民族勤劳向善的精神（图13-17）。

图13-17

现代歌舞剧《拉哈苏苏》

"拉哈苏苏"是"同江"的赫哲语称呼。该剧主要讲述的是赫哲族部落迁徙到同江，分裂成两个部落，两个部落经过分离和战争，又冰释前嫌最终统一的故事（图13-18）。

图13-18

传统赫哲族歌舞创新

除了对赫哲族历史进行艺术化再现外，近年来，艺术工作者还在传承的基础上大胆创新，创作了一批具有浓郁民族风情的赫哲族歌舞。下图为赫哲族原创作品文艺专场，《赫哲人家》《太阳部落》《叉草球》《赶爬犁的帅小伙》等17部原创歌舞作品由佳木斯大学音乐学院原院长朱季贤教授等作曲创作，其中歌曲《喊一声赫尼那划起船》在2013年代表黑龙江省音乐家协会在全国征集的"唱响龙歌"歌曲大奖赛中荣获唯一的一等奖。此外，朱季贤教授还为60首赫哲族儿童歌曲谱了曲（图13-19）。

图13-19

鱼皮镶嵌漆画

　　除了赫哲族歌舞，艺术工作者们对赫哲族工艺也进行了探索创新。佳木斯大学黑金文化产业研究所探索将传统的赫哲文化与现代元素相结合，进行大胆的创新，实现了非物质文化遗产的创新性传承。鱼皮镶嵌漆画将赫哲族传统鱼皮工艺与漆画工艺相融合，改善了鱼皮容易潮解、霉变的现象，使鱼皮画能够长期得以保存。作品题材均取自赫哲族剪纸艺术和中国传统吉祥图案。其中，《希尔达鲁莫日根》取材于伊玛堪传说，获第十二届全国美展黑龙江省美术作品铜奖、黑龙江省民间工艺精品展金奖。

图 13-20　鱼皮镶嵌漆画《希尔达鲁莫日根》

图 13-21　鱼皮镶嵌漆画《希尔达鲁斗战图》，2018 年 1 月赴美国参加中国文化部组织的洛杉矶艺博会

民族文创产品

　　佳木斯大学黑金文化产业研究所将民族元素与现代人生活需求结合起来，开发了既彰显民族特色、又具有现代功能的文创产品，让赫哲族文化润物细无声地走进现代人的生活。以赫哲族萨满为原型设计的卡通微信表情设计《乌苏里和伊尔尕》（图13-22），实现了新媒体艺术与传统文化的结合。开发的游戏小程序《希尔达鲁》（图13-23），是第一款承载中国少数民族文化、传播赫哲族渔猎文化的游戏小程序。

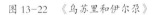

图13-22　《乌苏里和伊尔尕》

图13-23　《希尔达鲁》

图13-24　具有民族特色的小挂件及日常家居用品

传统服饰创新

　　黑金文化将现代元素融入赫哲族传统服饰中，进行艺术再创作，打造实用且极具民族特色的文化衫等服饰。其中，既有对传统鱼皮服饰的艺术加工，让传统鱼皮服时装化、现代化；也有将赫哲族元素与符号融入现代服饰、鞋帽之中，在日常生活中体味赫哲族文化（图13-25、图13-26）。

图13-25

图13-26

传统体育创新

在赫哲族传统体育开发与创新上，近年来，佳木斯大学体育学院对赫哲族传统体育项目进行了深入挖掘和研究，并参照现代体育竞技确定了比赛规则，进行了保护性传承，使一些传统体育项目重新焕发了生机。同时，结合现代体育，对赫哲族传统体育项目进行了创新。如赫哲族捕鱼五项全能表演，就是在"赶鱼汛"等赫哲族传统体育项目的基础上，融合现代体育"铁人五项"而创造出的新的体育项目。五项全能包括拖渔船、竞速划船、叉马哈、网三花、搬鳇鱼，要求参赛者在较短的时间完成上述项目，既考验参赛者的耐力，又竞比双方划船、叉鱼、网捕等基本技能。

图 13-27　赫哲族捕鱼五项全能表演

人工智能赫哲族语言识别系统

如何更好地传承赫哲族语言，给愿意了解和学习赫哲语的人提供更加便捷的途径？佳木斯大学黑金文化产业研究所融合赫哲语标准发音和人工智能，研发了一款"赫哲语常用 3000 词发音"小程序。该款小程序主要由首页、音节表、单词本三部分组成，通过搜索功能，查询想要学习的赫哲短语、句子，可以学习到该短语句子的国际音标和赫哲语读音，还可以加入单词表反复学习，满足了学习者学习赫哲语的需求。

图 13-28

二 / 学术研究

有关赫哲族的记载，始见于清代吴桭臣的《宁古塔纪略》、清末学者曹廷杰的《西伯利东偏纪要》《东北边防辑要》等书籍中，日本间宫林藏的《东鞑纪行》中也有记载。关于赫哲族的系统研究，凌纯声先生1934年出版了专著《松花江下游的赫哲族》。20世纪60年代开始，为更好地抢救、挖掘和传承赫哲族历史文化，保护民族多样性，各级政府十分重视抢救赫哲族历史文化遗产，高校及科研机构纷纷开展赫哲族研究，取得了较为丰硕的成果。

1. 学术成果

《东鞑纪行》

18世纪末至19世纪初，沙皇俄国在远东地区不断扩张，将当时处于清王朝管辖之下的库页岛作为侵略目标，而此时日本对库页岛更是垂涎已久。为了解沙皇俄国远东边界和实际扩张情况，1808年，江户幕府派遣间宫林藏两次探察库页岛和黑龙江下游地区，《东鞑纪行》就是间宫林藏第二次探察的成果。该书记录了包括赫哲族在内的沿途见闻，对研究库页岛和黑龙江下游地区的历史、地理风貌具有重要价值。

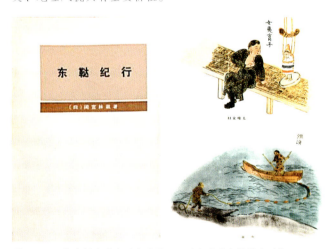

图13-29 书中描述的生活在黑龙江下游地区的土著居民形象

图 13-30

《西伯利东偏纪要》

又名《伯利探路记》，曹廷杰撰。清光绪十一年（1885），为研究如何抗御沙俄的侵略活动，曹廷杰奉命对黑龙江中下游进行调查，并将调查所得汇集成册报于清廷。书中记述了包括赫哲族等生活于黑龙江中下游地区少数民族的情况。

凌纯声（1902—1981）（图 13-31），字民复，号润生。中国民族学家、人类学家、音乐家。早年就学于中央大学，后留学巴黎大学，获博士学位。归国后，任国立边疆教育馆馆长，教育部边疆教育司司长，中央大学教授、系主任。中华人民共和国成立前去了台湾，任台湾"中央研究院"民族学研究所所长。20 世纪 30 年代，他曾调查赫哲族、苗族、畲族和彝族，在民族学的实地调查和比较研究等方面做出了贡献，著有《松花江下游的赫哲族》《湘西苗族调查报告》《中国边疆民族与环太平洋文化》等专著。

图 13-31

《松花江下游的赫哲族》（图 13-32）是凌纯声先生在 1929 年 4 月深入松花江下游对赫哲族进行田野调查后所撰，于 1934 年出版。该书被誉为"中国民族学的第一次科学田野调查""中国民族学研究史上的第一本科学民族志"。书中对赫哲族的历史源流、地理分布、物质、精神、家庭、社会生活、语言和民间故事等进行了考据、研究和记录，并附有赫哲语词汇表、曲谱、插图、民间故事等资料，是研究赫哲族及东北少数民族重要的参考资料。

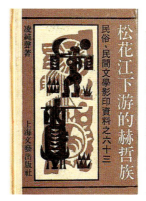

图 13-32

《赫哲族简史》

1982年，由黑龙江省民委组织编写的《赫哲族简史》出版。1957—1960年，黑龙江省少数民族社会历史调查组深入赫哲族居住地进行实地调查编纂。该书是第一部系统记述赫哲族历史的书籍。

图 13-33

当代研究成果

进入 21 世纪以来，《中国赫哲族》（舒景祥）、《黑龙江赫哲文化》（都永浩、姜洪波）、《赫哲绝唱——中国伊玛堪》（黄任远）、《赫哲那乃阿伊努原始宗教研究》（黄任远）、《黑龙江赫哲族》（张嘉斌）、《中国节日志·乌日贡》（何玉芳）、《赫哲族历史文化研究》（刘敏）等众多研究专著出版，赫哲族研究呈现了百花齐放的局面。特别是近年来，佳木斯大学组织专家学者深入赫哲族乡进行深入调查、系统研究，形成了赫哲族历史、体育、美术、民俗、民歌等系列研究成果，极大地丰富了赫哲族研究。

图 13-34

2. 研究基地

佳木斯大学从 20 世纪 80 年代开始对赫哲族历史文化进行研究。2013 年,学校整合多个研究院所成立了佳木斯大学赫哲族历史文化与社会发展研究基地,成为全国第一个依托高校的赫哲族研究基地。基地利用综合性大学学科优势,对赫哲族历史文化、人口体质、社会经济、体育、音乐、美术等领域进行了全方位研究,并连续召开了四届中国赫哲族高峰发展论坛,逐步形成了基地、平台、研究所、课题、专著、论文等多维度、多学科、多领域的研究成果。2015 年,基地被命名为"黑龙江省首批非物质文化遗产研究基地"。

中国首届赫哲族发展高峰论坛

2015 年 7 月,中国首届赫哲族发展高峰论坛在佳木斯大学和同江市召开,来自国家民委及中外高校、研究院所的专家学者及赫哲族传承人等百余人参会。论坛以中央民族工作会议精神为指导,以"小民族、大背景,深研讨、快发展"为基调,以增强"四个认同"为原则,围绕"赫哲族文化传承与社会发展"这一主题,研究和分析赫哲族地区基础设施、产业发展、文化教育、民生改善等方面存在的问题,并提出对策建议,10 余项研究成果得以转化或被当地政府采纳。论坛的召开,成为 28 个人口较少民族历史文化与社会发展研究的首创。

图 13-35　论坛开幕式

图 13-36　同江会场

图 13-37　时任佳木斯大学校长邱洪斌致辞

图 13-38　国家民委原专职委员、北京赫哲族研究会会长葛忠兴致辞

图 13-39　伊玛堪皮影戏演出

图 13-40　赫哲族群众表演民族歌舞

图13-41 专家学者及赫哲族非遗传承人进行学术研讨

第二届中国赫哲族发展高峰论坛

　　2017年6月，第二届中国赫哲族发展高峰论坛在佳木斯大学和饶河县召开。论坛围绕习近平总书记视察八岔赫哲族乡的重要讲话精神，以全面建成小康社会为目标，深入探讨了"大东极旅游圈"和"龙江丝路带"背景下赫哲族发展的思路及人口较少民族文化传承与全面建成小康社会面临的机遇和问题，同时拓展了与锡伯、鄂伦春等其他人口较少民族之间的交流。

图13-42 论坛开幕式

图13-43 交流研讨

图13-44 饶河会场

图13-45 参加乌日贡大会

图 13-46　佳木斯大学在饶河四排赫哲族乡建立实习基地　　图 13-47　《乌苏里船歌》词作者胡小石出席论坛，并撰文厘清了
歌曲创作等相关问题

第三届中国赫哲族发展高峰论坛

2019年6月，第三届中国赫哲族发展高峰论坛在佳木斯大学召开。论坛以"新中国70年赫哲族发展"为主题，就赫哲族和人口较少民族的历史文化、社会发展、民族教育、非物质文化遗产保护与传承、文化产业开发与振兴等领域进行了深入研讨，形成了诸多理论共识。论坛期间，还举办了赫哲族手工艺品和文创产品展览、传统体育项目表演和专场文艺演出，集中展示了佳木斯大学在赫哲族传统文化和艺术传承与发展方面的研究成果。

图 13-48　论坛开幕式　　　　　　　　　图 13-49　分论坛

图 13-50　参观赫哲族工艺品和文创产品展览

图 13-51　赫哲族专场演出

第四届赫哲族发展论坛暨黑龙江人口较少民族学术研讨会

　　2023 年 7 月，由佳木斯大学主办、抚远市协办的第四届赫哲族发展论坛暨黑龙江人口较少民族学术研讨会在抚远市召开。论坛以"铸牢中华民族共同体意识与促进黑龙江人口较少民族高质量发展"为主题，围绕铸牢中华民族共同体意识、人口较少民族历史文化和赫哲族历史文化三个篇章，深度研讨了新时代民族团结、民族文化产业融合发展、赫哲族历史发展溯源、赫哲族文化传承、赫哲族社会经济发展等议题，达成了诸多共识。论坛期间，与会人员还参加了第十一届乌日贡大会。

图 13-52　论坛开幕式

图 13-53　论坛分组探讨

图 13-54　佳木斯大学赫哲族师生参加　图 13-55　佳大体育学院为大会执裁传统　图 13-56　赫哲族捕鱼五项全能表演
乌日贡大会　　　　　　　　　　　　　体育项目

中国人类学民族学研究会人口较少民族研究专业委员会学术研讨会

　　基于多年来在赫哲族研究领域积淀的成果，2018年，经国家民委批准，佳木斯大学牵头成立了中国人类学民族学研究会人口较少民族研究专业委员会，并于当年6月召开成立大会暨第一届学术研讨会。专委会以全国28个人口较少民族学术研究为己任，致力于"三台一库三服务"，即：建立研究人口较少民族历史文化与社会发展平台，人口较少民族相互交流、相互学习平台，促进人口较少民族发展政策平台；建立人口较少民族研究资料的数据库；为人口较少民族的历史文化与社会发展研究服务，为人口较少民族相互交流、相互学习服务，为国家制定人口较少民族发展政策服务。目前，已召开了三届学术研讨会。

图 13-57　研讨会开幕式　　　　　　　　　　　　图 13-58　人口较少民族研究专业
　　　　　　　　　　　　　　　　　　　　　　　委员会主任、佳木斯大学党委书记
　　　　　　　　　　　　　　　　　　　　　　　邱洪斌作学术交流

为深入推进人口较少民族研究，从 2020 年开始，专委会整合医学、人文、体艺等多学科，对生活在黑龙江省内人口较少民族的健康、医药、教育、历史、语言、经济、旅游、美术、音乐、体育、民族政策等进行多学科、多维度、全方位的田野调查，相继走访了省内赫哲族聚居区和达斡尔族聚居区；2021 年后又赴土族、撒拉族、俄罗斯族、鄂温克族、京族聚居区调研。此举被认为是继 20 世纪 50 年代中国少数民族社会历史大调查后，学术界运用多学科方法对赫哲族等人口较少民族进行的又一次大规模田野调查。通过入户调查、拜访传承人、体质监测等方式，为开展研究积攒了大量珍贵的一手资料，同时形成了各个聚居区的调研报告，为当地政府提供建议咨询。

　　2020 年，依托该专委会及其多年的研究积淀，佳木斯大学获批民族学硕士学位授权一级学科，填补了黑龙江省空白；2023 年，获批黑龙江省人口较少民族文化传承与发展协同创新中心。

图 13-59　深入赫哲族农户调查走访

图 13-60　体育组为赫哲族儿童监测体质

图 13-61　艺术组与达斡尔族青年交流口弦琴技艺

图 13-62　医学组为赫哲族群众采集血样和体检

图 13-63　调研组与抚远市共同召开座谈会

图 13-64　参观达斡尔族非物质文化遗产体验馆

图 13-65　拜访撒拉族传承人

图 13-66　深入土族聚居区调研

图 13-67　研究基地在敖其赫哲族村建立工作室

佳木斯大学赫哲族历史文化展馆

2017 年建成，突出赫哲族研究的学科特点，不仅全面展示了赫哲族历史溯源、饮食服饰、民族习俗、渔猎生产、音乐舞蹈、体育竞技、宗教信仰等民族风貌，同时收集陈列了百余本研究专著，是集风貌展示与学术研究于一体的综合展馆，也是黑龙江省重要的人文社科教育基地，每年接待数以千计的研究人员和大中小学生参观。

图 13-68　展馆内部

佳木斯大学人口较少民族研究文献馆

　　该馆依托中国人类学民族学研究会人口较少民族研究专业委员会建立，保存和收藏了 28 个人口在 30 万人以下的人口较少民族的研究书籍资料及相关实物 1000 余件，是展示人口较少民族历史文化、研究人口较少民族的重要窗口，同时也是开展学术研究的重要基地。

图 13-69　文献馆内部

黑金文化产业研究所

　　2018年，佳木斯大学联合相关研究机构和赫哲族聚居地政府成立了黑金文化产业研究所。"黑金"是"赫哲"一词的音译。该研究所融合艺术学、体育学、文学和管理学等学科，利用绘画、雕塑、纤维、陶瓷、新媒体等方式，集中进行赫哲族文化创新性传承工作，致力打造赫哲族精品文化并实现产业化。目前，研究所拥有3个注册商标、2项国家发明专利、6项版权专利、六大类19种产品，产品远销国内外，让赫哲族文化真正走进民众、传播世界。同时以该研究所为依托，打造以赫哲族文化为主的文化创意产业园。

图13-70　研究所成立大会

图13-71　研究所建立的尚文殊化美术馆

图13-72　学生们进行创作

图13-73　研究所展厅一角

三 / 中外交流

　　赫哲族文化的保护传承与创新发展离不开同源民族之间的交流。从 20 世纪 90 年代开始，居住在我国境内的赫哲族和俄罗斯境内的那乃族开始进行民间交流，从最初的邀请那乃族参加乌日贡大会进行文化交流，到官方组织的学术交流及经贸往来，交流的频率和范围日益扩大，同族情谊日益浓深。

图 13-74　俄罗斯那乃族代表参加赫哲族乌日贡大会

图 13-75　2019 年，同江市及佳木斯大学代表团应邀参加俄罗斯哈巴边区那乃区成立 85 周年大会。图为代表团与俄罗斯那乃区区长进行会谈

图 13-76　同江市及佳木斯大学代表团应邀参加俄罗斯哈巴边区那乃区成立 85 周年大会庆祝游行

图 13-77　佳木斯大学学者与那乃族老人座谈，了解民族语言使用和传承情况

图 13-78　佳木斯大学学者在俄罗斯那乃族聚居区进行田野调查

图 13-79　俄罗斯那乃族学者在中国赫哲族发展高峰发展论坛上进行学术交流

第十四章

多彩赫哲

承接千载历史，植根三江沃土。进入新时代，赫哲族人民在以习近平同志为核心的党中央的领导下，在党的民族政策的沐浴下，艰苦奋斗，执着追梦，各项事业欣欣向荣，生活富裕安康，文化独放异彩，幸福感和获得感不断增强，奏响了新时代人口较少民族的盛世欢歌。

一 / 赫哲乡新貌

1. 街津口赫哲族乡

同江市街津口赫哲族乡位于黑龙江中游南岸街津山脚下，距同江市区45公里，与俄罗斯隔江相望。街津口，据考证来源于最早在此居住的一位叫盖金的赫哲老人，"街津"即由"盖金"音转而来。相传，街津（盖金）老人为了当地赫哲部落的生存，变成了江边上的一块石砬子。人们为纪念他，将江边上的山称作街津山，把山脚下靠近莲花河入江口的这个村落叫作街津口。

图 14-1 街津口赫哲族乡新貌

1963年成立民族乡，全乡总控面积约267平方公里。截至2021年底，人口3524人，辖6个行政村。街津口乡渔业村是全乡唯一的赫哲族村，262户、505人。

街津口三面环山、一面临水，山清水秀，自然资源丰富。近年来，街津口赫哲族乡依托自然资源和民俗文化，大力发展旅游业、农业观光等特色经济，获批"国家特色景观旅游名镇""国家级生态乡镇""全国第四批美丽宜居小镇""中国生态魅力乡""中华民族文化艺术之乡"等荣誉。街津口乡渔业村也被命名为"第二批中国少数民族特色村寨""全国文明村""国家级最美渔村""中国传统村落"等称号。

图14-2　该乡倾力打造壁画小镇，使传统民居和壁画融为一体。图为乌日贡大街

图14-3　国家AAA级景区——街津口赫哲族民族文化村

图14-4　位于街津口的同江市赫哲族鱼展馆

图14-5　钓鱼台风景区

图14-6　美丽的街津口江畔

2. 八岔赫哲族乡

　　同江市八岔赫哲族乡位于黑龙江和松花江汇流后的黑龙江右岸，北临黑龙江，与俄罗斯隔江相望。"八岔"源于赫哲语"八陈"，意为江的夹芯子。1956年成立民族乡，全乡下辖4村，人口3567人。八岔赫哲族村是全乡唯一的赫哲族村，总人口510人。

　　八岔生态原始，民俗独特。黑龙江八岔岛国家级自然保护区位于境内，大界江、大湿地、珍稀而丰富的动植物种类、神秘而浓郁的赫哲风俗，构成了八岔鲜明的地域特色。进入21世纪以来，八岔赫哲族乡大力发展农、渔、特色旅游和民族产业，特别是在习近平总书记视察八岔村后，经济、社会发展进入了快车道。八岔村先后被授予"全国美丽宜居村庄""中国少数民族特色村寨""全国文明村""全国美丽休闲村庄"等称号。

图14-7　2013年8月，八岔村遭遇超百年一遇的特大洪灾，在党中央和国务院的关怀下，大庆油田公司无私援建，在天赐湖畔建起现代化的赫哲族别墅式新区

图 14-8　乌日贡广场

图 14-9　八岔街头一角

图 14-10　八岔岛国家级自然保护区风光

图 14-11　赫哲族渔猎文化馆

图 14-12　国家一级保护鸟类——东方白鹳

图 14-13　国家二级保护动物——黑熊

3. 四排赫哲族乡

饶河县四排赫哲族乡位于乌苏里江西岸，处于乌苏里江冲积平原，境内有小安河、西川河、大斑河，均流入乌苏里江，与俄罗斯隔江相望，边境线54公里。下辖4个村和1个林场，乡政府驻四排村。

全乡共有人口1718人，其中赫哲族206人。清朝时期，居住在乌苏里江沿岸的赫哲族分别属于镶蓝、镶黄和正黄旗。四排村建于民国初年，当时的行政组织有"会""排"两种，"会"下为"排"，四排即为某个会下的第四排。1985年，建立四排赫哲族乡。近年来，四排赫哲族乡大力实施农、渔、民俗旅游和休闲等多业共同发展，经济社会发生了巨大变化。特别是旅游业，形成了综合服务区、民俗赫哲、生活赫哲、生态赫哲、生产客家"一心四区"的旅游空间格局，吸引了大量游客。良好的生态资源、独特的赫哲民俗，也使四排赫哲族乡荣膺"《乌苏里船歌》诞生地"、"全国生态文明乡"、"华夏祈福第一乡"和"中国赫哲族民间文化之乡"等荣誉称号。

图14-14　四排赫哲族乡新貌

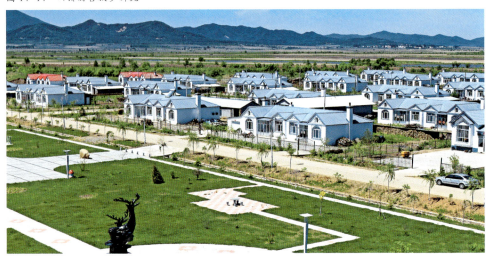

图14-15　新式民居

图14-16　客栈民宿　　　　　　　　　　　　　　　图14-17　赫哲渔村

图14-18　乌苏里江国家湿地公园

图14-19　《乌苏里船歌》中唱道："白云飘过大顶子山……"图为美丽的大顶子山

4.抓吉赫哲族村

抚远市乌苏镇抓吉赫哲族村地处黑龙江、乌苏里江汇流地带，东隔乌苏里江与俄罗斯相望，是我国陆地最东段的行政村，每天代表祖国最早迎接清晨第一缕阳光。全村178户、425人，其中赫哲族49户、155人，以渔业为主。

这里有全国最大的高寒低地湿地——三江国家级自然保护区，生态原始，自然资源丰富。近年来，抓吉村在"《乌苏里船歌》风光带"的规划下，依托民族特色和自然资源，大力发展旅游观光业，打造赫哲途远驿站，通过"两途一趣"，即采用途远装配式特色建筑产品打造创意民宿群落，引入民宿预定平台"趣悠悠"与旅游特产分享电商平台"途礼"，将乡村振兴模式与当地资源进行有效衔接，使村庄变驿站、农房变客房、农产变特产，推动乡村振兴。

近年来，抓吉村获得了"全国文明村""全国生态文化村""全国民族团结进步创建活动示范单位""中国赫哲族民间文化传承基地""中国少数民族特色村寨"等称号。

图 14-20 抓吉全貌

图 14-21　抓吉赫哲族村大门

图 14-22　抓吉小学，中国最东的小学

图 14-23　街头一角

图 14-24　赫哲客栈

图 14-25　赫哲民宿

5.敖其赫哲族村

敖其赫哲族村位于黑龙江省佳木斯市郊区敖其镇，是镇政府所在地，南依完达山余脉，北临松花江，三面环山、一面傍水。"敖其"为赫哲语，意为"撮罗子"（捕鱼工具）。敖其赫哲族属清康熙五十三年（1714）被迁至三姓并编入正黄旗的克依克勒（葛依克勒）赫哲人，当时被称为"伊彻满洲"，因为编入八旗而把民族成分写为满族。1984年，经过重新确认，将民族成分由满族改为赫哲族。1986年，成立赫哲族民族村。全村有赫哲族104户、326人，约占全国赫哲族人口的7%。

图 14-26 夕阳下的敖其湾

图 14-27 街头一角

图 14-28 鱼皮画展馆

近年来，敖其赫哲族村适时进行产业结构调整，除了发展农业，在政府的支持下，依托独特的地理位置和民族风俗，大力发展旅游业，建立了赫哲民俗村、赫哲水寨和影视城，开展了雪村冰雪旅游项目。2014年，敖其赫哲族村被列入中国少数民族特色村寨之列。

图 14-29　赫哲民居

图 14-30　敖其湾影视城

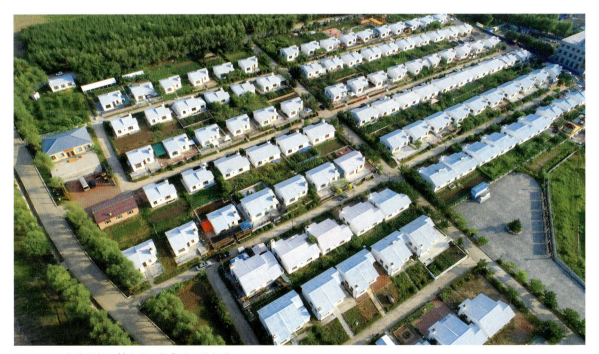
图 14-31　敖其赫哲族村全貌，整齐划一的新居

二 / 赫哲人家

饶河县四排赫哲族乡尤双喜夫妇

原居富锦一带，称为"那贝"，父亲一辈被日本侵略者驱赶到二部落居住，后搬迁至饶河。其父母均是赫哲人，妻子也是赫哲人，子女均与汉人通婚。生活来源原以捕鱼为生，1995年转产后，开始从事农业种植。现有耕地190亩，收入约8万元，捕鱼收入约2万元，年收入10万元左右，生活比较富足。

图14-32 尤双喜夫妇

抚远市乌苏镇抓吉赫哲族村曹剑辉夫妇

世代在抓吉居住，至今已有五代，是抓吉当地曹、毕、万、卜四大姓之一。日本侵华期间，其祖父因为为苏军送情报而被日军抓走扔入狗圈，惨遭杀害。妻子是汉族，子女均与汉族通婚。目前，抚远市正在实施《乌苏里船歌》旅游风光带，抓吉村通过大力发展民族旅游业获得了较快发展，全村赫哲族居民均以民族餐饮、民宿和打鱼为主业。曹剑辉一家从事旅游服务和捕鱼，年收入10万元左右，生活富足。

图14-33 曹剑辉夫妇

图14-34 曹剑辉夫妇开办的民族餐馆

图14-35 曹剑辉夫妇经营的民宿

同江市八岔赫哲族乡王海珠

其父亲为汉族，母亲为赫哲族，爱人为满族，女儿现在大连民族大学上学。王海珠在乡邮政局上班，同时开办生产赫哲族鱼皮制品的合作社，采取订单式生产，产品行销全国各地，年收入10万元以上，并通过带学员，带动了周边赫哲族和汉族群众共同致富。

图 14-36　游客参观王海珠创办的合作社

佳木斯市敖其赫哲族村解永亮

中共党员，民盟成员，中国非物质文化遗产——赫哲族鱼皮制作技艺、传统服饰代表性传承人，国家民族画院画家，工艺美术大师。其父亲为汉族，母亲为赫哲族，为葛姓氏族。其爱人为汉族，现在敖其小学任赫哲语教师。幼时师从祖母继承鱼皮制作工艺，2008年开始从事赫哲族鱼皮技艺的研发创新工艺，在传统鱼皮鞣制基础上进行防腐、防潮、染色等工艺革新。代表作有《习近平总书记视察黑龙江》、系列作品《莫日根·阔里》《傲骨》《赫哲图腾》《鹰》等，作品多次作为礼品被赠送给外宾。2018年出版著作《赫哲族鱼皮画艺术传承》，同年荣获2018年中国非遗年度人物提名。多年来，经他培训的学员遍及哈尔滨、佳木斯、同江、抚远、黑河、饶河等地。

图 14-37　解永亮制作鱼皮画，为游人介绍鱼皮画

同江市八岔赫哲族乡尤桂兰

　　1935 年出生在勤得利，6 岁时随同父母被日本
侵略者驱赶到一部落，16 岁嫁给从山东迁移至此
的汉人，育有 7 个子女，均与汉人通婚。1957 年
至 1967 年任八岔村妇女主任，多次获得劳动模范
称号。1955 年 11 月，参加黑龙江省组织的少数民
族参观团，先后参观了天津、南京等 12 个城市，
并于 1956 年受到毛泽东、朱德等中央领导人的接
见。2016 年 5 月，习近平总书记到同江八岔赫哲
族乡考察时探望了尤桂兰老人。2016 年，尤桂兰
家庭被评为第一届全国文明家庭。

图 14-38

图 14-39　尤桂兰一家人

三 / 幸福赫哲人

　　越过千载时空，经历了历史更迭和岁月沧桑，如今，沐浴在党的民族政策光辉下，赫哲族聚居区产业兴旺、生态优美、乡风文明、生活富足、安定和谐，呈现了良好发展态势。赫哲族，这一祖国北疆的古老民族正在习近平新时代中国特色社会主义思想的指引下，牢记习近平总书记的殷殷嘱托，与全国各族人民一道，以辛勤创造、接续奋斗的姿态共盼共圆中华民族伟大复兴中国梦！

图 14-40　美丽的赫哲族妇女

图 14-41　幸福的赫哲族家庭

图 14-42　美好生活

图 14-43　美好生活

　　经过四年多艰苦深入的田野调查和广泛搜集，在中国人类学民族学研究会人口较少民族研究专委会诸多赫哲族研究学者、专家及赫哲族聚居区政府的共同努力和帮助下，《图说赫哲》终于与大家见面了。

　　作为"中国人口较少民族研究丛书"赫哲族系列专著（《图说赫哲》《健康赫哲》《口述赫哲》《史记赫哲》）之一，这是一部以图说形式较为全面展示赫哲族历史、经济、文化、风俗及学术研究等诸多领域的著作。该书在借鉴吸收前人研究成果的基础上，侧重以图叙说，旨在用一幅幅图片，串联起赫哲族的过去和现在，讲述文化的承续与发展。这里，不仅仅是一种展示，更如同我们儿时的小人书和看图说话，每一张图片都写满故事，在一页一页的翻读中，带您走进赫哲族世界，这也是此书与其他著作的不同之处。

　　为了写好这本书、更加全面和真实地讲好赫哲族故事，编委会在查阅有关赫哲族主要研究著作的基础上，先后三次深入佳木斯、同江、抚远、饶河等赫哲族主要聚居区，两次赴俄罗斯哈巴罗夫斯克和共青城那乃族聚居区，走访当地政府、村寨、农户、非遗传承人、研究基地和博物馆进行实地调查，获取了珍贵的第一手资料，为全书的撰写及最大程度保持其原创性奠定了基础。在其后的撰写中，不断地借鉴、构思、加工、创作，并经历三次大修改，甚至是推倒重来，最终形成此书。

　　在此书的编撰过程中，编委会得到了赫哲族聚居区政府的大力支持，在协助田野调查、数据及图片提供等方面做了大量工作；同时，也得到了人口较少民族研究专委会诸多赫哲族研究学者的支持，专委会秘书处崔秀兰以及丁思尧、汪作朋、谭杰、程丽云等均为此书贡献了智慧。特别值得一提的是：在赫哲族民俗、乐器等方面得到了省赫哲族研究会副会长、抚远市赫哲族研究会会长尤军先生的热心指教，使许多疑点和不解得以澄清；同时，更要感谢都永浩、姜洪波、黄任远、刘敏等赫哲族研究专家，正是从他们的著作中借鉴了许多极具价值的资料，使得这本书更加厚重丰盈。在此，向所有为此书出版给予了帮助和支持的专家学者表示衷心感谢！

本书以图说为特色，因此，在图片的甄选中，力求优中择优。这其中，除大部分为原创图片外，有部分图片拍摄于同江博物馆、饶河博物馆、饶河四排民俗馆、抚远抓吉民俗展示馆、佳木斯敖其民俗馆、佳木斯大学赫哲族历史文化展馆、俄罗斯哈巴罗夫斯克远东地区博物馆，部分图片来源于同江市八岔和街津口赫哲族乡政府、饶河县摄影协会、同江市非遗中心。中国摄影家协会会员肖殿昌，佳木斯大学美术学院教师肖馨、杨子勋、王相生，同江市赫哲族研究会会长尤俊生也为此书提供了很多珍贵的图片。同时部分选用了赫哲族民族画家尤永贵和俄罗斯画家哥·巴夫理斯的画作图片。另有极少图片为图书和网络摘录，经多方联系，未能找到本人，如见此书，请与作者联系。在此一并表示真诚的感谢！

当前，人口较少民族研究进入了难得的好时代，诸多图书著作及研究成果精彩纷呈，愿这本《图说赫哲》能够成为民族研究这个大花园里的一朵小花，为园增色！

最后，在写作此书的过程中，虽然格外用心，但力所不逮，难免有疏漏之处，还请专家学者批评指正。

邱洪斌

2023 年 9 月 1 日